男马云
女群飞

像他们一样努力与坚强
你终将成为时代的弄潮儿

周高华◎编著

马　云：从草根到全球榜样的男首富
周群飞：从普工到玻璃女王的女首富
他们的传奇人生，带给我们无限的启示

SPM 南方出版传媒 广东人民出版社
·广州·

图书在版编目（CIP）数据

男马云，女群飞/周高华编著. —广州：广东人民出版社，2016.1
ISBN 978 - 7 - 218 - 10693 - 9

Ⅰ. ①男… Ⅱ. ①周… Ⅲ. ①马云—生平事迹②周群飞—生平事迹
Ⅳ. ①K825.38

中国版本图书馆 CIP 数据核字（2015）第 311829 号

Nan Mayun，Nu Qunfei

男马云，女群飞

周高华 编著

版权所有 翻印必究

出 版 人：曾 莹

责任编辑：肖风华 温玲玲
封面设计：国画设计
责任技编：周 杰 黎碧霞

出版发行：广东人民出版社
地 址：广州市大沙头四马路 10 号（邮政编码：510102）
电 话：(020) 83798714（总编室）
传 真：(020) 83780199
网 址：http://www.gdpph.com
印 刷：三河市九洲财鑫印刷有限公司
开 本：787mm×1092mm 1/16
印 张：14.75 字 数：200 千
版 次：2016 年 1 月第 1 版 2016 年 1 月第 1 次印刷
定 价：35.80 元

编委会

主　　编：周高华

联合主编：米芳、郑建顶、朱建伟、凌发明、邹水清、张建军、
　　　　　张振宇、杨静

联合主编：米芳

北京市芳旭华商贸有限公司总经理
七加一大系统创始人之一
财商传播者、企业融资专家、家庭资产配置专家

联合主编：郑建顶

北京云祥利商贸公司董事长
七加一大系统联合创始人
北大好资本　金牌讲师
企业融资专家
财商教育专家
全国卡友会　执行会长

联合主编：朱建伟

七加一大系统联合创始人
北大好资本　金牌讲师
企业融资专家
信用融资导师
财商教育专家
全国卡友会　执行会长

联合主编：凌发明

七加一大系统联合创始人
七加一大系统总部总经理
全国卡友会秘书长
北京汇成时代投资管理有限公司创始人
企业战略规划实操专家
企业投融资实战导师
企业法律风险防范专家

联合主编：邹水清

江西中汇智慧能源有限公司　总经理
营销策划专家
企业融资导师
光伏能源企业　规划专家

联合主编：张建军

江西三赢贸易有限公司董事长
资源整合专家
营销实战导师

联合主编：张振宇

江西广盈贸易有限公司　董事长
太极拳的正宗传承人
传统产业向互联网及金融转型升级的践行者

联合主编：杨静

河北卓丰农业科技有限公司　董事长

编委成员（排名不分先后）：

范文宁、潘子梅、郭帅营、方福亚、刘拓权、朱兰亭、张忠保、王　玲、
吴振江、刘秀丽、陈　茹、郭　尊、杨　清、王　丹、葛晶晶、张秀莲、
费玉荣、刘　岩、姜建勇、贺煜棋、韩　江、柳琰琰、张保华、谢　瑾、
李智杰、黄苏苏、房兴国、刘旭东

编委成员、书友会 500 人微信群发起人（排名不分先后）

刘拓权

湖南搏百亿文化传播有限公司总经理

范文宁

国际朗诺环保木门总经理

杨清

茄子财商（北京）投资管理有限公司创始人

张秀莲

北京七加一卡友会会员

方福亚

1314 心教育创始人

潘子梅

希帕蒂亚美容顾问有限公司董事长

陈茹
湖南省岳阳市乐缘服饰商行

费玉荣
北京辉煌基业商贸有限公司总经理

郭帅营
北京七加一财富顾问有限公司

郭尊
悦凤堂珠宝公司总经理

刘秀丽
东莞市奥登酒窖科技有限公司

李智杰
吉林省众华集团

张保华
山西省临汾市融融财富中心负责

王玲
北京鑫源京通商贸有限公司总经理

柳琰琰
北京金典珍邮投资顾问有限公司 总经理

阿勇
江西 萍乡

扫一扫上面的二维码图案，加我微信

姜建勇
江西七加一财富管理有限公司总经理

贺煜棋
新华人寿保险股份有限公司北京分公司

葛晶晶
臻品生活私人订制会所

黄苏苏
江西鼎业泰宸投资有限公司

王丹
哈尔滨市平房区妙道茶庄

刘岩
济宁狼行天下企业管理咨询有限公司
总经理

房兴国
石家庄意林天下文化传媒有限公司 总经理

吴振江
河北千江月文化传媒有限公司

谢瑾
长沙市雨花区苗苗布艺行

韩江

石家庄东鼎企业管理咨询有限公司

刘旭东

石家庄创南商贸有限公司 总经理

特别感谢：王双、龚凌云、许培漳、赵卫

赵卫

华林酸碱平

许培漳

王双

龚凌云

序言 PREFACE

"男学马云，女学群飞"，2015 年，这样一句话火遍了朋友圈。说起马云，大家并不会感到陌生，这个中国乃至世界互联网行业的传奇人物，十多年来一直是众人争相议论的焦点。2000 年马云登上《福布斯》封面杂志的时候，该杂志曾这样评价他：

凸出的颧骨，扭曲的头发，淘气地露齿而笑，拥有一副五英尺高、一百磅重的顽童模样，这个长相怪异的人有拿破仑一样的身材，同时也有拿破仑一样的伟大志向……

出身平凡、其貌不扬的马云用自己的实际行动告诉全世界，只要拥有伟大的志向、明确的目标、矢志不渝的坚持，梦想就可以照进现实。

马云的一生是充满传奇的一生，从最初的一名英语老师到后来的中国互联网行业第一人，马云走过了许多弯路，也遭遇了许多困惑。在阿里巴巴真正崛起之前，马云也曾受到了他人的冷遇与嘲笑。然而，面对这些冷遇与嘲笑，马云统统不予理会，而是用梦想将自己的团队紧紧团结在一起，用激情带领着自己的团队经历了一次又一次考验，迈过了一道又一道坎，最终，将阿里巴巴打造成一个商业帝国，让世界为之瞩目。

和马云不同，在蓝思科技没有上市之前，恐怕没有几个人知道周群飞是何许人也，然而，随着蓝思科技的上市，董事长周群飞红了，持有蓝思科技最多股份的她一度成为中国内地女首富。

与苹果、三星、LG、富士康、小米、华为等多家电子产品公司有着密切

1

合作的蓝思科技，成为 2015 年最引人注目的一匹黑马。

"人红是非多"，伴随着蓝思科技的异军突起，公众探究的眼光纷纷投向了蓝思科技的创始人周群飞。一个普普通通的湘妹子，究竟是如何一步步登上事业的巅峰？一个毫不起眼的小女人，是如何将一家小小的手机玻璃制造企业发展成为产值百亿的大公司？

当周群飞遭遇非议之际，湖南衡阳市副市长张贺文在自己的博文中引用了湖南卫视某位主持人的微信："若干机缘巧合组合在一起就变成了传奇。没那么多计划、阴谋，很多时候都是走一步看一步，顺其自然的结果。周群飞有今天是因为她的智慧、勇气、懂得放弃再加上一些运气，即使她没有遇到前夫，她也会遇到另一个懂得欣赏她的伟大的男人。她传奇的本质不是她遇到了什么样的男人，而是她是个什么样的女人。"

那么周群飞到底是一个怎样的女人？读《男马云，女群飞》，你会对周群飞有更多的了解，你会明白，每一个创业者的成功都绝对不是偶然，绝对不是靠运气。

阿里巴巴上市，蓝思科技上市，两家公司上市后，两位掌舵人分别成为了国内的男女首富，这是一个很励志的故事。如果我们足够细心，还会发现这样一个共同之处——这两位首富诞生的领域都是与移动互联网行业相关的。换言之，在移动互联网领域，蕴藏着巨大的创业机会。

在新的经济形势下，在"互联网＋"热潮汹涌来袭之际，新一轮的创业浪潮即将掀起。在这股浪潮之中，谁先掌握创业的真谛，谁才有机会享受创业成功的果实。

想要成功创业，需要从多个方面做准备，不论是物质的还是精神的。其中，尤其需要学习前人的成功经历。唯有如此，才能保证自己在创业路上遇到困难时能够坚持下去；唯有如此，才能保证自己不被创业过程中所遇到的各种障碍所迷惑。

　　失败者的经历各有不同，而成功者的经验却大体相似。在这里，我们选取了马云和周群飞这两个风云人物，为大家介绍了两人从创业到成功的艰辛历程，告诉大家创业过程中必须要具备的一些素质与能力。相信大家在读过两人的故事之后，一定能够有所触动，一定能够得到相应启发，这些触动和启发会帮助你在创业的道路上走得更远。也许有朝一日，你也可以是一个不朽的创业传奇！

目录 CONTENT

上篇

▶▶ 马云

第一章

▼
▼

只要永不放弃
就有机会

　　"永不放弃"是马云的座右铭。他曾说过："这个世界上最大的失败就是放弃，放弃其实是最容易的。世界上最痛苦的是坚持，而最快乐的也是坚持。"当你选择坚持时，你就要承受着最痛苦的快乐。当你带着内心最澎湃的目标前行时，你就要坚持着自己的最初梦想，即使痛苦着，也要坚持前行，只要不放弃就会有希望，就会迎来阳光明媚之时。

困难是个纸老虎，你还怕什么

马云经典心得：

☆ "生活是公平的，哪怕吃了很多苦，只要你坚持下去，一定会有收获，即使最后失败了，你也获得了别人不具备的经历。"

☆ "如果我成功，那么原因我想是永不放弃，没有放弃。"

☆ "永远记住：每次成功都可能导致你的失败，每次失败好好接受教训，也许就会走向成功。"

当一个勇敢无畏的孩童做出惊人之举后，我们总会用"初生牛犊不怕虎"来形容。他们不害怕、不畏惧、不恐慌，他们勇敢、大胆、无畏，他们天真单纯，想法简单。因为他们的世界里只有前方。经历多的人总会"前怕狼，后怕虎"，他们会考虑很多问题，做一件事情之前他们会考虑会出现哪些阻碍，这些阻碍他们是否有能力解决，是否能够在事情失败时有退路可走，等等。

其实，从我们出生时的第一声啼哭开始，我们就面临着种种困难与险阻，在成长的道路上，我们每天都在解决困难，只是难易程度不同而已。马云说过："永远记住：每次成功都可能导致你的失败，每次失败好好接受教训，也许就会走向成功。"

在事情面前，马云永远不会放弃自己的目标，当问题来临之时，他也并不仅仅只关注问题本身带来的困难，他会在问题的基础上拓展出其他解决方案。在创建海博翻译社之初，房租千元，而盈利却是百元，翻译社面临着艰难的生存问题。在亲朋好友的劝说下，马云依然没有放弃，而是用另一种方式来运行，他卖过礼品，售过鲜花，他以最原始的小商品买卖来维持着海博翻译社的正常运转。马云说过："生活是公平的，哪怕吃了很多苦，只要你坚持下去，一定会有收获，即使最后失败了，你也获得了别人不具备的经历。"

是的，人的一生所走的道路虽然各不相同，但生活是公平的。任何一个人的成功并不是他多了哪些先决条件，而是他选择坚持，永不放弃。人生是由不同的经历拼凑而成的，每一段拼凑都不一定是最完美的，但是它应该是最圆满的。这份圆满并非世人所见到的那样，而是在你心底它最真实的样子。是的，马云就是这样一个人，他不在意大家说什么，他只在意结局是不是他想要的，这件事情是不是他想完成的，只要是自己想去做的，他就会坚持。对于结果，他仅仅在意是否达到他的期望，而非他人的看法。

对于海博翻译社就是如此，当海博翻译社步入正轨，开始盈利时，他便将所有决策权交给了他人。在一次美国之旅中，他发现了互联网的存在，他坚信这是机会，于是他开始筹划，创建中国黄页。创建中国黄页时是1995年，马云筹集了2万元，又卖掉家具后凑齐了10万元本钱，一间房、一台电脑、三个人（马云、马云妻子、何一兵）就这样开始了。也许大家想象不到那时候他们经历着怎样的艰辛。起初，他们同别人讲起互联网，就如同"对牛弹琴"，大家不懂，不理解，也不接受。马云曾邀请了24位好友共商互联网，结果，只有一个人认为可以尝试，但是马云并没有因为大家的不认同而放弃，而是坚持去实现自己的梦想，最后他成功了。马云说过："如果我成功，那么原因我想是永不放弃，没有放弃。"

在马云的这段经历中，能够看出他是一个执着、永不言败、永不放弃的人，一个创业者就应具备这样的心理素质，成功者也一定会具备这样的职业品质。无论是任何事情，当我们坚信自己的选择时，我们就应该相信自己，永不放弃，虽然并不是所有永不放弃的人都会成功，但是成功者定会有永不放弃的精神。马云对于互联网的信心并不是取决于互联网本身，而是他认为做一件事情，经历就是一种成功。你可以去尝试，不行可以掉头，但是不去尝试，你永远也不可能创造出新的发展。在永不放弃的坚持下，你终将会走向一种成功，无论是以何种方式，以何种形式，人生终究是成功的。战功不在风光的表面，不在阴暗的犄角旮旯，不在阳光雨露下，它只存在于你的心里。马云的不抛弃、不放弃让我们为之深思，让我们为之动容。

在电视剧《士兵突击》中，令人印象最深的就是"一根筋"的许三多，许三多的思想"简单"、坚毅、执着，给我们留下了非常深刻的印象。对于知识，他将图书馆的书籍从A字母开始背起；对于演习，他永远认真对待；对待朋友，永远都是那么真诚。他从最开始班级中的差等士兵，到最后成为老A的一员。他，始终没有变；他，始终是那个心中充满信念、积极乐观的士兵；他，坚信好好活着就是要做很多有意义的事，有意义的事就是好好活着；他从不放弃任何机会，在没有希望时他永不言败，挣扎到最后一刻。到最后，他始终坚持着钢七连的信念——不抛弃、不放弃，无论人还是事，他永远深信。

最终最不被看好的许三多成功了，在很多方面我觉得马云和许三多有很多相似之处，马云说过："我就像是骑着盲虎的盲人。"马云有着常人没有的竖毅，在他的字典里永远没有失败。无论是经历三次高考、经营海博翻译社，还是打理中国黄页、阿里巴巴，都可以看出他非比常人的思想和永不言败的毅力。现在的我们谈论起他的经历像是故事一般，并无波澜，也许只有当事人才能够体会到那曾经跌宕起伏的过往吧！

鲁迅曾说过："世上本无路，走的人多了，便成了路。"而马云则成为互联网道路上的指路人，更准确地说，应该是互联网道路上的开拓人。只要你肯坚持，任何困难都会成为你成功道路上的垫脚石。要想成功，就要懂得如何克服困难。世上除了生老病死、众叛亲离外，一切困难都是可以用智慧去解决的。当你惧怕它时，它会成为你强大的阻碍；当你征服它时，它将成为你最得力的助手，并帮助你获得最终的成功！

坚持是卓越者的素养

马云经典心得：

☆ 自己以及阿里巴巴成功的秘诀就是：梦想、学习和坚持。

☆ "只要不放弃就还有机会，只要有梦想，并且我们坚信这一点，然后不断努力，不断学习，今天很残酷，明天更残酷，后天很美好，但是绝大部分都死在了明天晚上，所以每个人都不要放弃今天，并且坚持住。"

☆ 不管你长得如何，好或不好，还只是那样，而男人的长相往往和他的才华成反比。

我们常常能听到亲朋好友们的鼓励话语："坚持就是胜利。"是的，只有坚持才能看到曙光，才能看到希望。马云曾透露自己以及阿里巴巴成功的秘诀就是：梦想、学习和坚持。梦想可以通过一个触动就产生，学习也可以通过各种方式进行培训，但是最关键的仍是坚持，坚持才是成功最关键的因素之一，任何事情只有坚持才会看到希望，看到结果。

马云曾说过赚钱并非是他的目标，而是一种结果罢了。从他的经历我们可以看出，他确实对成功的追求大于对金钱的追求。在最初经营海博翻译社时就可以看得出，在海博翻译社最艰难时他没有选择放弃，即使小商品的盈利远远大于海博翻译社的盈利，也没有让他动摇过，他一直坚持自己所坚持的。现在大部分的新闻报道都是他成功之后的相关信息，可是正因为有成功前的经历才会成就此时的他。

在马云的世界里，我们能看到的都是他积极的一面，好像什么问题在他那里都会解决，都不会对他造成困扰。他不趋炎附势、不气馁消沉，他积极乐观、勇敢无畏，他有时可以像孩子般天真无邪，有时又像长者般正气威严。面对生活的困顿，他想尽各种办法得以生存。虽然说起阿里巴巴，谁都知道是马云的杰作，也知道阿里巴巴对马云的意义，但是，阿里巴巴最艰难的时期是如何度过的，大家也不会去在意。这就是生活，我们太重视结果，却忘记了过程往往比结果更为重要，结果见证的是你的成功，而过程见证的却是你对目标的坚持与意志的坚定。

从马云最初创业到最后成功，我们能看到他对目标的坚持。其实任何一件事的发生都有着必然的原因，问题发生时，我们要尽最大努力去解决，而非失去信心或气馁。在成功的道路上有时候我们缺少的仅仅是那一点坚持。从一个人处理问题上，我们就能看出他是否适合成功者的标准。尤其在对待事情上表明得更加显著。如何对待事情就成了区分成功者与失败者最直接的评价方式。当事件发生时，对于成功者来说，会将其视为必然，尽力去解决就好；而对于失败者来说，则视其为某一方出现过错所导致。一个人在遇到事件发生时对其处理方式的判定，则决定了他是不是一名真正的成功者。当然这个判定最简单的方式就是看他是追究人还是事。

　　在海博翻译社初期，马云曾招过一名有经验的出纳，当时的马云并没有那么多的想法，可是他发现这名出纳竟然每天都会将营业额抽出一两百元。后来马云说道，当这件事情发生后，他认识到，公司一定要有规章制度，一定要有章程，这样才能走得更久更远。虽然公司情况非常不好，但是马云并没有放弃，而是坚持着，在公司运营状况不好的情况下总结原因，找出解决办法。从这件事我们能够看出，马云对事件的认知，首先是在想事情发生的原因与应该如何解决出现的漏洞问题，并且在坚持中不断发现问题，然后解决问题。他相信把所有发生的问题都解决好就会成功。

　　通过这件事我们可以看出，在事情发生后，马云并没有责怪任何人，而是在找事情发生的原因和解决的办法，他将每一件事情的发生当作是总结经验与检讨的机会。正因为他有着坚持不懈的毅力，勇往直前的冲劲，让他在之后遇到困难的过程中不断进步，不断完善，然后走向成功。无论事情多么糟糕，他都没有放弃的想法，他坚持并努力着，这就是卓越者的素养。

　　在成功者的面前，我们往往会想到失败者，其实每一个成功者的背后都有过失败，但是他们坚持理想，这让他们拥有一种神奇的力量，这种力量让他们从失败走向成功。所以，坚持是一种力量，是一种希望，也是一种精神。

　　成功与失败的区别就在于谁坚持的时间更长，生活和做事是一样的道理。当你看到太阳的时候，你充满了希望，但是你总要经过傍晚和黑夜的，那时并没有阳光，只要你坚持住，耐得住寂寞，坚信希望，漫漫长夜终会过去，朝阳会在第二个清晨向你招手。每一件事情都有它的两面性，古人云："塞翁失马，焉知非福。"有失必有得，重要的是看你如何去理解、去分析、去接受。

2013年5月10日，马云做了身为阿里巴巴CEO的最后一次演讲，对于马云辞去阿里巴巴集团CEO之职很多人都不理解，这其中很复杂的原因当然也只有当事人才能够深刻体会。但是，马云从没有表现出愤怒与激动，他很平静，很淡定。这或许与他的经历有关，但不管是哪种原因，他都是一个卓越者。辞去了阿里巴巴集团CEO之职后，阿里巴巴集团联合了多家民营快递企业，成立了菜鸟网络科技有限公司。也正因为辞去了阿里巴巴集团CEO，他才能够组建物流网络平台并担任菜鸟网络科技有限公司的董事长。他知道自己想要什么，虽然他辞去了阿里巴巴集团CEO，但是他仍然坚持着他的"互联网梦"，即使他离开了阿里巴巴，他也仍旧坚持梦想。正所谓他不成功谁成功呢？

马云成功后，他曾说过："只要不放弃就还有机会，只要有梦想，并且我们坚信这一点，然后不断努力，不断学习，坚持梦想。虽然今天很残酷，明天更残酷，后天却很美好，但是绝大部分都死在了明天晚上，所以每个人都不要放弃今天，并且坚持住。"谁的世界没有过迷茫，谁的世界没有过失望，重点在于你对世界的看法。半杯水，有的人会说只剩半杯水了，而有的人则会微笑着说真好，还有半杯水。无论是人还是事物都有两面性，从女娲造人开始，就注定了我们做任何事情都有局限性，女娲给每个人相同的器官，却创造了不同的心脏，并且给了我们足够的空间存放潜在的能量，而这份能量就要靠自己去努力释放了。马云曾调侃说，不管你长得如何，好或不好，还只是那样，而男人的长相往往和他的才华成反比。上帝是公平的，当他给你关上一扇门，他定会为你敞开一扇窗。很多名人接受采访时会讲述过往的经历，但往往讲起这些经历时，总是会感谢过往，因为经历了过往，经历了困苦，才会成就今天不一样的自己。所以，无论何时，遇到任何问题，请记住，总会有一扇窗是为你敞开的，请坚持住，找到窗户，然后你就成功了。

比别人要更有毅力

马云经典心得：

☆ 危机就是危险之中一定有机会，只要你敢于去做，不放弃，然后一步步地往前走，不管别人如何去做，在别人放弃的时候，你再往前多走一步，机会就会是你的。

☆ 大势好未必你就会好，大势不好未必你就不好。

水滴穿石并不是水滴有多么强大，而是由于它长久地滴坠。这表明，持之以恒终才有可能成就丰功伟业。危机就是危险之中一定有机会，只要你敢于去做，不放弃，然后一步步地往前走，不管别人如何去做，在别人放弃的时候，你在往前多走一步，机会就会是你的。这是马云的感慨之言。是的，只要你有坚定的毅力，你足够努力，足够坚强，机会就会靠近你。

机会是给有准备的人准备的，李时珍历经27年读了数百种书籍，亲自试验了多种毒药，完成了《本草纲目》；法国著名物理学家居里夫人，经过十多年的实验，成功地从十几吨的矿物中提取了镭；贝多芬虽然双耳失聪，但他并不怨天尤人，振作起来，创作出《命运交响曲》；马克思历经 40 年的时间写成《资本论》；生物学家达尔文用 22 年的时间著成《物种起源》；张海迪，一名高位截瘫的残疾人，多次经历死亡边缘，20 多年时间，学习了 4 门外语，翻译了 16 万字的外国名著，并且自学了针灸，还获得了哲学硕士学位；史蒂芬·霍金，即使患上了"卢伽雷氏症（肌萎缩侧索硬化症）"，但他不放弃自己，在病痛的折磨下创作了著名的《时间简史》，并获得了成功。人的一生又有几个几十年，即使花费人生中的大部分时间，他们也要完成一件自己认为会成功的事情，这就是毅力，一种超能的毅力。

诗云："宝剑锋从磨砺出，梅花香自苦寒来。"俗话又说："吃得苦中苦，方为人上人。"要想成功，就要经历很多磨砺，就要能够吃苦。当我们想要完成一件事情的时候，要相信自己一定能够成功，并且努力去做，只有做出来你才知道是否会成功，只有努力你才知道是否能够做到，这就是一种考验，一种成功道路上的考验。即使这种考验有些漫长，并且让人无法预料前方是不是光明大道，但是你要想成功就要有勇气去面对。

到了美国，马云就看好互联网，并开始付出行动。美国之旅后，马云更加坚信互联网是一个好的机遇，他将想法说给亲朋好友听后，遭到了反对，但是他仍然去做，他有自信。这份自信就源于他永不放弃和坚韧的毅力，并且他有足够的信心。他是一个坚信能够成功就会勇往直前、永不退缩的人，他有着坚定不移的毅力，无论是思想还是行为，所以他成功了。虽然这段成功的道路非常艰辛，但是当曙光来临时，这一切都是值得的。

马云的很多决策都会让大家投反对票，但是他永远都会坚持自己的想法，他知道自己要什么，应该做什么。马云说过，大势好未必你就会好，大势不好未必你就不好。马云知道自己在做什么，能够做什么。他的字典里从来就没有"可能""或许""如果"。他的字典里只有"行"或者"不行"，"做"或者"不做"。

成功对于成功者来说并不是一个形容词，他们只能是一个代表词，因为只有他们知道自己经历过什么。国际巨星西尔维斯特·史泰龙，曾被拒绝了一千多次后才有了第一部电影的片约。很多人说他不可能成为演员，但是他成功了。被称为"篮球之神"的迈克尔·乔丹曾对媒体说过，他被罚球一千多次，伤痛三千多次，投篮未中九千多次，但是他坚持下来了，最终也成功了。为什么世界上成功者永远都占极少的比例，是因为他们的毅力，他们的坚韧不拔，他们的"简单"。

从我们出生那刻起我们就注定开始了自我改变，从思想到行为。每一次的改变或许会缩短我们与成功的距离，因此我们每时每刻要做的都是改变。既然我们改变不了世界，那么就要改变自己，让自己变得更加强大，才能使这段距离缩短，才能比别人更快成功。当然，在这场蜕变的过程中，我们要经历的也是常人所不能够做到的。这种改变需要坚定的信念、经久的毅力和强大的内心。

有句老话说得好，既然我们选择不了人生的长度，那么就要尽最大努力增加它的宽度，人生除了死亡以外，没有任何事或人可以阻挡我们拓展人生的宽度，也没有任何因素能够阻挡我们的脚步。只要我们坚信自己，勇敢向前，再比别人多付出一些，用毅力征服世界，坚持下去，胜利就会属于我们。

成功就在你多坚持的那一会儿

马云经典心得：

☆　每一次的成功都有可能导致你的失败，在每一次失败后都要好好接受教训，这样你才有可能走向真正的成功。

☆　虽然在创业的道路上每个人都走得艰辛，但是只要心中有梦，不放弃，再比别人多一点点的坚持，那么成功终将降临到你的身边。

☆　我为什么能够活下来，并且成功，第一是我没有钱，第二是我对互联网一点也不懂，第三是我想得像傻瓜一样，结果我就成功了。

马云说过，每一次的成功都有可能导致你的失败，在每一次失败后都要好好接受教训，这样你才有可能走向真正的成功。成功这个词对于每个成功者的意义都不一样，有的人是因为拥有财富而称其为成功，有的人是因为拥有影响力而称其为成功，但是马云，则是因为达成了自已想要达到的目标而认为是成功。马云说过钱是一个目标，而不是结果。这就可以看出钱对于马云来说只是一个工具而已，它不能满足马云所定义的成功。

有这样一个故事：一天，一名创业失败者问成功者是如何成功的，成功者告诉他："我只比别人多吃了一点苦，多付出了一些汗水，并且我可以做到付出所有去达成目标。"失败者听后，很是不解，他也付出了所有去达成目标，为什么却失败了？成功者问他，你付出所有了吗？为什么你依然能够每天开着车，吃着肉，依然衣履光鲜？你既然没有付出所有，为什么说你用尽所有力量去达成目标呢？成功是要付出代价的，在你心里你只是想要成功而已。失败者非常气愤地走了，又过了两年，屡次失败的他再次回来找到成功者，问："我现在一无所有了，我想重新创业却没有了条件，我该如何是好。"成功者笑道："条件是自己创造的，为何说没有条件呢？""我现在身无分文，如何重新再次创业！"他甚是悲伤，成功者问："如果我现在告诉你，明天的此时，如果你拿不出 5 万元，你就会失去生命，那么你会在明天的此时之前筹到 5 万元吗？"失败者想了想，于是离开了。

老话说得好："坚持就是胜利。"马云曾说过："我为什么能够活下来，并且成功，第一是我没有钱，第二是我对互联网一点也不懂，第三是我想得像傻瓜一样，结果我就成功了。很多人，想要创业却不去做，理由是没有资金，其实越是什么都没有的时候，往往机会越是最多的时候，我们在没钱的时候，脑子是清醒的，思路是清晰的，我们那个时候可以像傻子一样傻傻地闯一把，即使失败了，我们依然是那个什么都没有的人。既然一直都一无所有，我们又惧怕什么呢？生命在于敢作敢为。"

生活很简单，有些事情并没有我们自己想象中那么重要。如果我们真的能够像马云一样，对任何一个自己想要达成的目标都能倾其所有也在所不惜时，那么我们与成功之间的距离就不再遥远了。就如成功者所说的一样，如果明天之前你无法筹集到五万元就会失去生命，那么今天的你会筹集到五万元吗？当你因为没有金钱而无法创业时，当你因为没有人脉发愁而不行动时，当你因为没有理想而消磨时间时，请不要抱怨你没有成功。其实当我们离成功很近时，我们只要再坚持一下就会到达目的地，但是能够坚持到最后的总是寥寥无几。

活着的意义是什么？我们真正追求的是什么？难道是平平庸庸，安于现状？虽然我们有过失败，但我们最终的目标却是成功。失败总会过去的，只要我们能够再坚持一会儿，也许成功就会来到你的身边。

怎样才算是成功呢？不同的人有不同的定义，但是我相信绝大部分的人都会认为马云是成功的。并不是取决于他经济地位的提升，而是在他并没有成为有钱人的时候，他就是一名成功者。对于马云的事业，海博翻译社并不算是他成功的一笔，第一他没有真正全身心投入，第二这是他专业中一部分的事业，第三他并没有真正地将海博翻译社作为成功的踏板。但是，暂不说最成功的阿里巴巴，就说中国黄页，我想所有人都会竖起大拇指的，通过中国黄页我们可以看出马云的前沿思想与特立独行的魄力，虽然最后他选择了离开。对于马云来说，中国黄页在他心里的意义是不同的，虽然他离开了，但是并没有阻挡他再次创建未来的希望。他就是这样一个人，想清楚要干什么，该干什么，他就会去干。在创业的过程中，我相信任何一家创业公司都会面临很多问题，无论抉择还是机会，都会成为一个创业公司的难关，在抉择中，你是否还会像坚持初恋一样坚持梦想，无论它处于什么状态下，你都会坚持到最后呢？

通过专题节目《看见》，我们认识了柴静，她是那么瘦弱，但是一个北漂姑娘独有的坚强让我们为之感动，一个非名校毕业、又不是新闻专业的北漂姑娘能够进入央视，是多么令人羡慕啊！可又有谁能够了解她背后的艰辛呢？她所付出的努力，是我们无法想象的，当然就是因为拥有这份坚毅的做事态度，才会成为一名成功的新闻人。

每一段成功故事的背后都有一个或一群"猪坚强"般的人，也正因为他们具有这样的精神，才能够成功。说到成功，有时候我们就是需要多一些与众不同，哪怕只比别人多了一丝坚持，多了一点点的坚定，也许成功就会出现在你面前！

第二章

▼
▼

激情是成功的
原动力

　　对于"激情"这个词，马云把它视为阿里巴巴"六脉神剑"中的第五支，它的含义表现为：乐观向上，永不言弃；对任何事或人都充满着热爱，面对苦难与挫折时能够冷静、乐观并且以积极的心态来处理；不断鼓励并完善自我，发现潜力，突破极限；在与公司利益或困难发生冲突时，不计得失，全身心投入，共渡难关。最重要的是要以乐观精神和饱满的热情影响同事与团队。

满怀激情地去做每一件事

马云经典心得：

☆ "短暂的激情是不值钱的，只有持久的激情才是最赚钱的。"

☆ "创业路上需要激情、执着和谦虚，激情和执着是油门，谦虚是刹车，一个都不能缺少。"

☆ "大学生最重要的事情首先就是要好好读书，现实很残酷，大学生创业一般都是九死一生，要想成功，就要善于把握机遇，并且学会体验苦难。"

对于"激情"这个词，马云视它为阿里巴巴"六脉神剑"中的第五支。在经历了海博翻译社和中国黄页后，马云开始注重企业文化的培养。在阿里巴巴的企业文化价值体系中最核心的就是阿里巴巴的企业文化"六脉神剑"，其中包括"客户第一、团队合作、拥抱变化、诚信、激情和敬业"。为什么把"激情"列入企业文化的价值体系中，并且排在"敬业"之前？正是因为马云体会到"激情"对于一个企业员工的重要性。一名合格的企业员工是无私且富有激情的，他对公司充满感激与热爱之情，并且有足够远大的目标。人一旦没有了目标是不会进步的，当你有了目标时，它也是你的动力所在。

马云是一个永远对自己的目标深信不疑，并且充满着无限的激情与执着的人。他总能够发现问题的关键所在，无论是杭州第一家翻译公司海博翻译社，还是西湖边第一家"英语角"，或是中国互联网的引入，等等。他总是在发现后就能充满激情与执着地去完成他的所想。对于海博翻译社，马云在一次采访中说："我当时认为一定会有需求，应该能成功。"对于中国黄页，去美国时他就认为这是中国所没有的，在中国一定会有它的市场。他就是这样的人，对于任何事情都充满着激情，无论遇到多少险阻，他都会坚持己初。正因为马云对任何事情都认真负责并充满激情，即使这些坚持让他承受了巨大的压力和困难，也没有让他放弃目标。最终，他成功了。

对于马云的成功，没有任何一个人说他是靠运气。因为，在世人的眼里他的所作所为是经得起推敲的，他所具备的成功者的素养也是被大众所认可的，所以他的成功是毋庸置疑的，他是真正的成功者。

马云在2015年5月20日的首届全球女性创业者大会上说过这样一句话："大学生最重要的事情首先就是要好好读书，现实很残酷，大学生创业一般都是九死一生，要想成功，就要善于把握机遇，并且学会体验苦难。"虽然现在政府与学校在大学生创业问题上非常重视，但是现在的大学生创业仍然处于九死一生的状况。当今社会的学子们对于社会的认知毕竟还是九牛一毛，当我们在社会历练后，仍能够站稳脚跟，跟上时代的步伐，拥有独特思想，并且依然能够保持对梦想的坚持与激情，那么，终有一天，成功会在你不经意间到来。大学生如此，对于广大的创业群体来说亦是如此。创业之路异常艰辛，往往我们所熟知的都是成功者辉煌的一面，而他们不为人知的另一面我们却知之甚少，甚至无法感同身受。

很多人会有疑问, 为什么别人可以毕业后独自创业, 并且取得成功, 而我不能。第一, 在马云的人生经历中, 大学之前的经历也是丰富而曲折的。他上学时数学成绩非常不好, 很苦恼, 之后经历了三次高考但仍未考到理想的学府。于是, 马云选择放弃学业开始工作。但是, 在一次偶然的机会下他看了路遥的《人生》一书, 他决定再次拿起书本考大学, 但最终还是没能考上本科。幸运的是, 因为杭州师范大学的招录名额未满, 马云成为幸运儿上了本科。通过以上经历, 我们可以看出马云从小到大一路走来都是坎坷无比的, 但同时也是幸运的。正应了那句话: "上帝为你关上了门, 也会为你打开一扇窗。"为什么马云可以在毕业后能够创业, 并且取得成功? 是因为他的经历已经让他思想成熟, 也正是因为这些经历成就了马云做任何事情都具有激情并且可以坚持到最后永不放弃。

正所谓: "苦难面前多福祸。"困难本身不会为你带来任何好运, 但你若能征服它, 它便会成为你最好的成功基石。有句老话说: "大难不死必有后福。"并不是说一定要经历大的劫难后才会有好运, 而是只有你经历了人生中最大的坎坷, 你的阅历和思想才会有质的变化, 才会为你的成功打下基础。

孟子曰: "故天将降大任于斯人也, 必先苦其心志, 劳其筋骨, 饿其体肤, 空乏其身, 行拂乱其所为, 所以动心忍性, 曾益其所不能。"古人也已教导我们, 经历困苦, 能让自身的心态受到震动, 也会使自己的性格变得更加坚韧, 只有这样才能够增加自身所未具备的能力。而如何能够让自身更快速地达到另一高度, 首先我们要充满激情地去完成每一件事情。马云曾说过: "别人可以拷贝我的模式, 但是不能拷贝我的苦难, 不能拷贝我不断往前的激情。"而激情是成功的原动力。

学会把无聊的变成有趣

马云经典心得：

☆ "什么是伟大的事？伟大的事就是无数次平凡、重复、单调、枯燥地做同一件事，就会做成伟大的事。"

☆ "我既要扔鞭炮，又要扔炸弹。扔鞭炮是为了吸引别人的注意，迷惑敌人；扔炸弹才是我真正的目的。不过，我可不会告诉你我什么时候扔鞭炮，什么时候扔炸弹。游戏就是要虚虚实实，这样才开心。如果你在游戏中感到很痛苦，那说明你的玩法选错了。"

马云说："什么是伟大的事？伟大的事就是无数次平凡、重复、单调、枯燥地做同一件事，就会做成伟大的事。"

但我们总是把喜欢与不喜欢深深地刻在脑海里，然后凭着这份喜欢与不喜欢来判断这件事情我是否能够做好，其实人的潜在能力要比我们现有的能力大得多。我们往往只在意看到的，却不在意看不到的；我们认为看到的是最真实的，其实不然。真相往往掩盖在我们不知情的某一地点，而不会让我们轻易发现。就像变魔术一样，魔术师们并没有超能力，只是他们能够发觉我们最注意的是哪方面，并且知道如何让我们欺骗自己的眼睛。做事情也是一样，对于学习更是如此。

有一个幸福的家庭，他们拥有一个聪明可爱的女儿。女儿到了半岁的时候，夫妻俩决定让女儿饮用牛奶，既可以补钙又可以减少吸食母乳。但是，女儿很是倔强，根本不喝牛奶。夫妻俩非常着急，有一天，他们发现女儿很急切地想得到餐桌上的食物，尤其是碗里的食物。于是他们想，是否可以将牛奶放在碗里，然后让女儿食用。果然，这个方法奏效了，女儿将碗里的牛奶全部吃光并且喜欢上了牛奶，只因为牛奶不是在奶瓶中而是盛在她喜欢的碗里，所以她也爱上了碗里的牛奶。她只是因为喜欢碗而将碗里的食物也都吃掉，这一点就和追星一样，当你喜欢上一个明星，他所有的好坏你都是喜欢的。

同样的道理，当你喜欢上一个物品的时候，它像是有连锁反应一样，你也会爱上和它在一起的所有东西。其实，我们的本能也是一样的，我们的感官感受太过于强烈了。大脑通过我们的视觉反映的信息是片面的，所以说，在我们的世界里很多事情是我们所看不到，或是不想看到的。对于任何事情我们都应该选择全身心地投入，找到一个能够令自己心动的点，然后为之努力。老人们常说"干一行要爱一行"，只有当你付出了爱的代价，你才能换来新的希望。所以说一定要让自己喜欢上自己的选择，既然选择了就不要轻易放弃，并且勇往直前。

马云的做事风格就是永远不按套路出牌，他曾说过："我既要扔鞭炮，又要扔炸弹。扔鞭炮是为了吸引别人的注意，迷惑敌人；扔炸弹才是我真正的目的。不过，我可不会告诉你我什么时候扔鞭炮，什么时候扔炸弹。游戏就是要虚虚实实，这样才开心。如果你在游戏中感到很痛苦，那说明你的玩法选错了。"马云就是这样一个人，对于任何事情他像是身处于游戏之中，然后博弈，他善于将所有无趣的东西转变成有趣的事情。

对于马云来说，他真的是喜欢互联网吗？他只是认为互联网是一个值得发展的产业，是好的机遇。他选择了互联网产业，然后才慢慢喜欢上这一行。只有喜欢上自己的选择，你才能够做好，才能爱上你的选择，才能使其更加完美。在马云的生活中，你看不到他的喜好，也许是他的经历让他的性格变得平淡。我们看到的是他对于事业的用心、专一、执着。

现在的企业与员工并不能达成一定的兴趣需要，什么是兴趣呢？兴趣就是要以需要为基础，建立在精神需要和物质需要上。而我们现在大部分人都只是选择了单方面的需求，所以很难达到一个共识。无论是事业还是其他方面，我们只想要满足其中一项需要就会去做，但是我们并没有对其负责。兴趣又是什么呢？兴趣建立在有趣的基础上，只有这件事情或者东西有趣才会吸引你的目光，才会让你全身心地投入。任何事情我们都要建立在兴趣与有趣的基础上才能够做到真正用心投入，只有投入才能离成功越来越近。

有趣的事情才会让人产生兴趣，有了兴趣才会让人的认识和活动产生积极的影响，兴趣会给人一种无形的力量，会让事情的成功几率大大增加。因此，在做任何事情之前我们要找到这件事情能够吸引你的因素是什么，你要找到并且接受它，然后产生浓厚的兴趣，这样你才会成功。

在困难面前毫不懈怠

马云经典心得：

☆　"当别人在抱怨的时候才是你的机会，只有在变化的时代里才能够让每一个人都看清楚自己拥有什么、想要什么、该放弃什么。"

☆　"对于阿里巴巴的员工，我们要求诚信、学习能力、乐观精神和拥抱变化的态度。"

☆　"在前一百米的冲刺中，谁都不能视其为对手，那是因为这是三千米的长跑。当你跑着跑着，跑到四五百米后，你才能与别人拉开距离的。"

孔子曰："操则存，舍则亡；出入无时，莫知其乡。惟心之谓与？"这句话的意思就是说：只要你能把握住，它就是存在的，但你放弃了那么它就失去了。进出的时间也是不确定的，也不知道它将会通往何方，这就是指人心而言吧。其实我们的一切行为都是源自心里某一个点迸发出的想法，让它传递给大脑，然后我们付出行动。在困难面前也是一样，当我们遇到问题时，第一感觉很重要。有的人遇到问题时会想到如何解决，而有的人则沮丧不已。然后就会出现一种差距，这种差距就开始萌芽，直到越拉越远。因为当你对事情绝望的时候，就说明你对其没有希望，你就注定会离成功越来越远。

马云说过："当别人在抱怨的时候才是你的机会，只有在变化的时代里才能够让每一个人都看清楚自己拥有什么、想要什么、该放弃什么。"这句话很令人心痛，当今社会的我们，最不知道的就是自己拥有了什么，想要什么，更不知道该放弃什么。很多人知道自己拥有了什么，想要什么，却不知道该放弃什么。这也正是很多人曾经富有过，后来却贫穷的原因。当你拥有时并不能区分真正的贫穷与富有，只有当你懂得在拥有时该放弃什么，才能真正地判断出谁才是真正的富有者。富有者在问题面前总能够积极面对，在困难面前永不退缩。他们懂得如何征服困难，勇往直前。而贫穷者则恰恰相反。在此所指的富有者与贫穷者并不是用金钱来判断的。这个判断取决于精神与物质的综合因素，单单拥有物质或精神的人是不会长久地占据成功者位置的。

人生就如一场游戏，每一个阶段都会有关卡，你总是要过了这一关才能够通往下一关，如果你想要提前通关，你就要付出一些常人不想去付出的东西。之前有媒体采访马云时问："您能用一句话来概括，您认为员工应该具备的基本素质是什么吗？""对于阿里巴巴的员工，我们要求诚信、学习能力、乐观精神和拥抱变化的态度。"马云答。这四点要求，都是心理上的因素。这也说明了，成功的因素取决于一个人的心理，只有心理健康，才会具备行为上符合成功的条件之一。马云之前的经历可谓是变化起伏，命运多舛。但是他用"态度"征服了命运，成功地驾驭了起伏的人生，也成就了他的丰功伟业。事业就像是长跑，刚开始谁也不知道最先到达终点的是谁，即使在这段路程中可能布满荆棘，但过程终究都是过程，只有到达终点才能判定谁是赢家。要想赢得胜利，就要看在这段旅程中遇到问题的处理方式，这也是能够尽早到达终点的关键所在。

马云曾说："在前一百米的冲刺中，谁都不能视其为对手，那是因为这是三千米的长跑。当你跑着跑着，跑到四五百米后，你才能与别人拉开距离的。"马云就是这样一个人，不计较一时的得失，只在乎长远的未来。重点不是此时谁在笑，而是要看谁能笑到最后。他从来不看过程，他的目光永远锁定在终点。他对问题的乐观态度、对事情的处理方式决定了他最终的成功。通过马云的经历我们也能够看出，当事情发生时，我们要毫不懈怠地去解决，并抱有乐观积极的态度。只有这样，成功才会向我们招手。

在你的人生轨迹中必须要经历的就是磨难，对于任何人来说，让你成长最快的莫过于磨难，每一个成功的人都曾经历过常人不曾经历，甚至不敢经历的岁月。就是那段岁月成就了成功的他。史玉柱，行业巨鳄，我们看过很多报道，说某某某身价高达多少亿元，但是几乎没有看到过他负债几亿元的报道。而这个负债 2.5 亿元的人就是史玉柱，他的人生也不平坦，甚至是拥有罕见的奇趣人生的人之一。一个人从低谷到高潮可以接受，但是从高潮到低谷却很少有人能够接受并重新崛起的，史玉柱是个例外。史玉柱在朋友们的眼里是一个不爱交际，不善应酬，但是勤奋、坚持不懈、从不气馁，面对困难时毫不懈怠并从容面对的人。史玉柱的经历足可以证明很多老话，最经典的就是失败是成功之母。他曾壮志雄心盖大楼，结果一夜之间成为烂尾楼。但是他没有气馁，而是调转方向直奔保健品，做成红遍大江南北的"今年过节不收礼，收礼只收脑白金"。那时，他亲自跑到大叔大妈的队伍里去，为的就是了解市场需要，也正是因为他的勤奋、专注，在苦难面前从不低头的精神，他成功了。

　　人生道路就是由不同大小的坑洼拼凑而成的，任何人都没有捷径可以走，我们只能选择如何去走，怎样想办法不让自己受伤而走过这条坎坷之路。如果你遇到一个坑就如遇大难，无法前行，那么你只能止步于此。如果你可以平静地看待，并用正确的方式前行，那么这条路对你来说会畅通无阻。所以，在困难面前要毫不懈怠、勇往直前、坚持、坚定，只有具备这样的精神，你才能够走向成功。

全力以赴
做好一件事

马云经典心得：

☆ "企业家是在现在的环境，改善这个环境，光投诉、光抱怨有什么用呢？国家现在要处理的事情太多了，失败只能怪你自己，要么大家都失败，现在有人成功了，而你失败了，就只能怪你自己。就是一句话，哪怕你运气不好，也是你的不对。"

☆ "人要有专注的东西，人一辈子走下去挑战会更多，你天天换，我就怕了你。"

☆ "对于女性来说，我们往往会想象到她们的爱、温柔、美丽、善良等这些美好的词汇，但同时不同于女性这些美好的词汇的还有坚韧、忍耐、承受以及奉献和牺牲。我们往往关注的都是女性的外在，而忽略了女性的创造和贡献。世界因女性而美好，世界因女性而称其为世界。"

俗话说："事在人为。"任何事情的成败都有它的原因，事情本身没有对与错，问题在于处理事情的人。马云曾说过："企业家是在现在的环境，改善这个环境，光投诉、光抱怨有什么用呢？国家现在要处理的事情太多了，失败只能怪你自己，要么大家都失败，现在有人成功了，而你失败了，就只能怪你自己。就是一句话，哪怕你运气不好，也是你的不对。"千万不要抱怨生活，你抱怨生活，生活就会抱怨你，这是一个相对应的关系。

"人要有专注的东西，人一辈子走下去挑战会更多，你天天换，我就怕了你。"马云曾说。人的一生都在挑战中度过，每一个挑战都是一个机会。马云建立阿里巴巴公司时并没有想到会有今天如此辉煌的成就，当时的他只是专注于这件事情，要把它做好。这足以看出专注对于一个人是多么重要。只有当你专注一件事情并且对它认真负责，它才会回报给你一个满意的答复。这个答复不是你能够预测到的结果，然而成功的人总能够找到一个目标，然后全身心地、一心一意地去完成，这是一个人对待事情的方式与态度。虽然现在马云的产业非常多元化，但是他在做每一个产业的时候都用尽心血，全心全意，直到成功为止。只有这个目标完成后，他才会奔向另一个目标。正是因为马云专心执着的精神才会让他在各个领域都能够做得游刃有余。

现今的我们对于目标的设定太过于缥缈，不真实。当我们经历一些困苦后，心就可以得到沉淀，就可以让目标更清晰化，让我们知道该做什么，如何去做，要做到什么，然后一步一个脚印地、踏踏实实地去完成。我们不可能一次完成很多件事情，但是我们可以全心全意去做一件事情，坚持、踏实然后有目标地完成。未来就是我们的，前辈们为我们开辟了通道等着我们一步步地前进，而我们也不能辜负了他们的一番苦心。我们是幸福的，有了引路人，何愁没有机会呢！

2015 年 5 月 20 日，阿里巴巴集团在杭州举办了首届全球女性创业者大会，当天除马云以外都是女性。马云在大会上对女人进行了解读，他说："对于女性来说，我们往往会想象到她们的爱、温柔、美丽、善良等这些美好的词汇，但同时不同于女性这些美好的词汇的还有坚韧、忍耐、承受以及奉献和牺牲。我们往往关注的都是女性的外在，而忽略了女性的创造和贡献。世界因女性而美好，世界因女性而称其为世界。"此次大会是以"SHE-E阿里巴巴集团绝大部分卖家也是女性"为主题的，大部分买家是女性群体，大部分卖家还是女性群体，更加证明了女性已经成为阿里巴巴重要的消费群体。马云说："很多人问我阿里巴巴成功的秘诀是什么，我说没有秘诀，而如果一定要说，第一是女人，第二是年轻人，第三是专注小企业。"对女性的解读，马云可谓是独具一格。他总是能够发现问题的重点，对于问题的关键总是把握得相当准确。在所有人都还忙着销量时，马云已经开始重点笼络占据大部分消费群体的女性了。这种敏锐的观察与判断，都源于马云对事情专一认真的态度。

马云总是能够找到问题的关键所在，这不得不归功于他的经历与阅历，多年的经历、经验也让他形成了"较真"的工作作风。也正是他的执着、专注、"较真"的性格特点让他能够在复杂的商战中夺得胜利。

司马迁说："人固有一死，或重于泰山，或轻于鸿毛。"既然我们不能选择生命的长度，那么我们就要拓展它的宽度。人生是短暂的，我们应在短暂的人生中专注于一件事，付出比别人更多的努力和辛苦，成功将会离我们越来越近。

马云专注的是阿里巴巴集团，他将所有心血付之于此，才达到了今天如此辉煌的成就。对于普通人更应当如此，如果你没有专注于一件事，那么你注定是失败的。所以，要想成功就要全力以赴地做好一件事情。

第三章

▼
▼

自信让你战胜
一切

　　对于马云来说，"永不放弃"的精神是因为他拥有自信，他相信自己的判断，相信会成功，他才会永不放弃，坚持、坚定地前行。无论外界怎么评说，"永不放弃"的人都是拥有自信的人。

你可以藐视任何挑战

马云经典心得：

☆ "我就是打着望远镜也找不到对手。"

☆ "如果你对自己充满信心，你实际上就能够获得成功。并且，你能够勇敢地超越自己，敢于探索未知领域，那么你将会获得不一样的人生体验，此体验将成为你永久的回忆。"

☆ "我永远不会等到机会成熟了才去做一件事，只有模糊的时候才有机会。"

马云说过："我就是打着望远镜也找不到对手。"这是何等的自信，一个自信的人总是有他独有的才能。马云虽然不是一个高傲的人，但他却是一个充满着无限自信的人。他从不惧怕任何挑战，他有自信能够让事情朝着他想要的方向发展，事实也足以证明马云确实有这个能力让他在任何时刻都有足够的自信。面对媒体、公众，无论谁向马云发起挑战，他都会无畏地应战，从无畏惧之意。勇敢、大胆、执着、永不放弃、坚定的精神让他无惧一切挑战，这就是自信的马云。

马云的世界里，你敢挑战我，我就敢接受挑战。通观媒体对马云的所有报道，我们可以看出，马云既是一个"好赌"之人，也是一个"不怕事大，爱看热闹"的人。

2013 年在央视，董明珠（格力董事长）与雷军（小米科技董事长）打赌，就赌 2018 年小米的销售额能不能超过格力，如果小米超过了格力，那么董明珠给雷军 10 亿元的"赌资"，若格力超过了小米，则雷军给董明珠 10 亿元的"赌资"。同时，董明珠也表示，若她与电商联手，那么必定会打败雷军的。这也暗示，董明珠终有一天会与马云合作。而此时，马云也表示了明确的观点，他站在了董明珠这边。马云曾表示过，格力如果可以和阿里巴巴合作，那么格力会创造更辉煌的时刻。马云与王健林在央视上也曾打赌，2020 年，若电商在中国零售市场份额占有 50% 以上，王健林则给马云 1 亿元，若电商未达到中国零售市场份额的 50%，则马云给王健林 1 亿元。虽然事后王健林表示，这只是一个玩笑而已，但是从马云的"敢赌"精神，我们能看出来马云对电商的信心，对自己的信心。马云能说出来，他就能做得到，他的这份肯定足以表现出他的自信心。

马云认为，如果你对自己充满信心，你实际上就能够获得成功。并且，你能够勇敢地超越自己，敢于探索未知领域，那么你将会获得不一样的人生体验，此体验将成为你永久的回忆。"天才"的世界是孤独的，但是他们的思想却是丰富的，他们拥有独特的辨别能力，拥有着自己小世界里的自信。

自信从来都不能是盲目的，自信也不是一个人用语言表达出来的，它是可以从自身散发出的。自信固然是好，但不要自大。一个有自信的人，对于任何事情都抱有明确的肯定性，"我能行""我可以""好的"这些词会瞬间被表达出来。这种表现是一个人具有足够强大的内心，从心底里吐露出来的，让人备受感染的气质。

马云从来都是"独行者"的思维模式，他被称为"互联网狂人"。一方面是说他的想法疯狂，做法也极其疯狂，另一方面是因为他自身所散发出来的自信光环而被称为"狂人"。纵横商场十多年，至今他找不到一个对手。当然，这不仅仅是从金钱的方面来衡量，而是从一个"狂人"的角度来评定。对于"独行者"来说，他们都是充满自信的，就比如富兰克林、爱因斯坦、伽利略、居里夫人、罗素、丘吉尔以及许多伟大的"独行者"们。他们有着孤冷的自信，他们从不在乎任何人的否定，他们相信自己，从不畏惧。

一个成功者的人生注定是不平凡的，马云曾说过："我永远不会等到机会成熟了才去做一件事，只有模糊的时候才有机会。"他就是这般自信，他相信自己的眼光。对于成功者来说，他们有着独到的见解与认识，他们从不丧失自我。他们知道自信对于一个人的重要性，一个人想要成功首要的前提就是具备自信心。而具有自信心的人遇到任何困难、任何挑战，都能够勇敢面对，尽力求解。他们不会因为任何困难而对自己的能力产生怀疑，他们的自信就源于他们对事情的执着追求。所以，一定要成功是他们坚定的信念。每一个人都要用正确的眼光来看待自己，自信、坚定、勇敢是一个成功者的优秀品质。美国一家杂志曾调查过百位领导人，而他们都具备的同一个特征就是"无论在任何条件下，对于企业面临的困境，都有必胜的决心与信念"。这说明，要想成功，你首先要勇于接受任何困难与挑战，只有当你能够从容地面对一切问题时，你才有机会把握成功。

永远不要轻视自己

马云经典心得：

☆ "一个人的才华与他的容貌往往成反比。"

☆ "我不觉得我很疯狂，我只是与众不同而已。"

☆ "每个人都应该学会倒立，当你倒立起来，血液就会涌进大脑，看世界的角度就会完全不一样。"

美国《福布斯》杂志曾这样评论过马云："凸出的颧骨，扭曲的头发，淘气地露齿而笑，拥有一副五英尺高、一百磅重的顽童模样，这个长相怪异的人有拿破仑一样的身材，同时也有拿破仑一样的伟大志向。"而马云也曾说过："一个人的才华与他的容貌往往成反比。"虽然马云一直以来以一种调侃的方式来表达自己的长相，但是他从来都不曾自卑过。长相是我们无从选择的，长相是父母赐予的，我们应该感激并且欣赏它。金无足赤，人无完人。谁都不可能在任何事情上都做出自己满意的选择，长相如此，人生亦是如此。

我们没有办法改变的就要学会接受它，能够改变的我们要做到最好。很多东西从我们出生开始就注定着与他人不同，我们无法改变它，就只能接受它。同样的环境，同样的机遇，不一样的态度，不一样的人生，都决定了你在这条人生道路上不同的结果。虽然路途一样，但每条路都各不相同，重点在于你对这条路的选择是否有准确的判断。每个人的判断不同，选择就不同，人生也就不同。

马云说："我不觉得我很疯狂，我只是与众不同而已。"马云从来都不曾妥协过，无论是在困境中还是在辉煌中。因为他有自信能够将事情做到完美，他也从不会和任何人做比较，所以他注定是"孤独者"。往往"孤独者"也是最易成功的人群。他们有着独特的思维模式与处事风格，他们自信而不张扬，他们坚定而不否定。美国总统林肯，从小知识贫乏，孤陋寡闻，在进入政界以后，也常常因为这些不足而出现纰漏，被人嘲笑。林肯一直都因为自己的这些不足而自卑，他痛苦到了极点。于是，他开始刻苦努力，拼命学习。自卑成为他最有力的动力，让他更加勤奋用功。慢慢地，林肯成功地克服了自卑心理。虽然不可能完全修复自卑的烙印，但是他将自卑变成了动力，他用坚强的意志力战胜了自卑的心理，这也是成功者所必须具备的条件。

自卑的人只要努力，终有一天会成功的，重要的是你自己如何看待它，是要让它变成你永久的伤痕，还是一种动力。越是自卑的人，对成功的渴望就越是强烈。所以你并不能否定一个自卑的人会永无成功之日，因为有可能这种自卑会成为他的动力，令他更加强大。林肯就是一个很好的例子，现实生活中也不乏这样的例子。

有了自卑感并不可怕，可怕的是你没有办法征服它。你要是任由它在你心底蔓延，那么你只能被困在自卑的世界里无法出来；如果你想办法征服它，有一天，你会发现，它的能量是你无法预测的。所以永远不要轻视自己，不知道哪一天你身体里也会爆发出不可估量的能量。

伊东布拉格是世界历史上第一位获得普利策奖的黑人记者，但他的童年却是被自卑笼罩着。在他小时候，父亲带着他去参观凡·高故居，他看到了一张小木床和一双破旧的皮鞋，儿子问父亲："父亲，凡·高不是百万富翁吗？"父亲答："凡·高是一位穷人，他连妻子都未曾娶过。"第二年，父亲又带着儿子去了安徒生的故居参观，儿子很是困惑，问："爸爸，安徒生应该是生活在皇宫里的啊，怎么他会在这栋阁楼里？"父亲答："安徒生的父亲是一名鞋匠，他就生活在这个阁楼里。"数十年后，伊东布拉格回忆起童年这些往事，总是感慨万千，他说："我出生在一个黑人家庭里，并且我们家很穷，我的父母都是靠卖苦力维持生计。在很长一段时间里，我很自卑，我认为黑人是没有社会地位的，并且永远都不能成功，但是父亲却让我有了新的认识，他让我知道并不是所有富人都是伟大的，也并不是所有穷人都是卑微的。"

上帝是公平的，当他关上了你的大门时，他同时也会为你敞开一扇窗。机会永远都是为有准备的人准备的，你不必在意自身的任何不足，只要你能够尽力弥补，并且知道自己的特长在哪里就可以了。每个人都有他独特的优点，只要你能够把握住，机会永远都属于你。

马云说过："每个人都应该学会倒立，当你倒立起来，血液就会涌进大脑，看世界的角度就会完全不一样。"任何问题都有他的两面性，重要的是我们从什么角度去看。有的时候我们看到的东西虽然一样，但是得到的答案却不一样，那是因为我们所处的角度是不同的。我们不必放大自身的某个不足，让自卑占据你的心灵，自卑就像是一根钉子，你不去除它，它永远都会成为你的痛苦之源。人最不可以做的就是轻视自己，不要太过羡慕别人，因为当你羡慕别人时，也会有人在默默羡慕你。每个人都有他的优缺点，重点在于你偏向哪一方面。人贵有自知之明，这句话并不单单是贬义词，它同样也是褒义词。当你正确地认识了自己，你就会知道自己也会成为强者中的一员，不要轻视自己而错过了机会。

把"不可能"
变成"可能"

马云经典心得：

☆ 那时候，我们每个人只有五百块钱的工资，但是真的非常开心，这样的传统一直保持在阿里巴巴的每一个阶段，阿里巴巴不是计划出来的，是"现在、立刻、马上"干出来的。

☆ "这世界上没有优秀的理念，只有脚踏实地的结果。"

☆ "不是你的公司在哪里，有的时候你的心在哪里、你的眼光在哪里更为重要。"

马云在采访中说过，那时候，我们每个人只有五百块钱的工资，但是真的非常开心，这样的传统一直保持在阿里巴巴的每一个阶段，阿里巴巴不是计划出来的，是"现在、立刻、马上"干出来的。那个时候在别人看来，阿里巴巴已经到了穷途末路的时刻，也应该止于此了。但是，超乎众人意料，阿里巴巴成功了，虽然阿里巴巴遇到的困难重重，但终究闯过来了。这是一个"不可能"的奇迹，却创造出了"可能"的辉煌。马云就是能够将"不可能"

变成"可能"，就是一个奇迹。海博翻译社亏损时，马云靠摆地摊卖小商品来维持海博翻译社。如果换成他人，可能早就关门大吉了，但是马云没有这样做，他坚持到最后，直到海博翻译社盈利为止。只因他认为海博翻译社早晚有一天是广大客户所需要的，他认为翻译社肯定是有发展前景的，于是他坚持，最后也证实了，他的想法的确是正确的。

马云说："这世界上没有优秀的理念，只有脚踏实地的结果。"这个世界复制的产品太多了，任何事情、创意、企业都在复制着别人的成果。但是最成功的永远都是第一个开发者，现今社会从不缺有能力的人，缺的是有创意的人。为什么现在开创一个新的项目去实行那么难，是因为大家都知道做第一人的困难与艰辛。他们不敢挑战，不敢承受"孤独"，而能够承受"孤独"的人都已经成功了。马云就是"孤独者"中的一员，一个能够承受巨大孤独感的成功者。在马云创业的过程中，往往他的所思所想都会被亲朋好友否定，但是马云从没有放弃过自己的想法，他依然按照自己的想法前行。朋友们的否定并不能说明这个想法是错误的，而是大家会觉得比较冒险，然而马云就是这样一个勇于冒险的人。他从不反驳任何一个否定他想法的人，他是一名忠实的听众，他听取所有人的意见，但他也不会轻易被任何人的想法所左右。他有着自己的思考方式和行动力，他总能把别人口中的"不可能"变成现实版的"可能"。这是他想要的结果，也是他为之努力的动力。

马云说过："不是你的公司在哪里，有的时候你的心在哪里、你的眼光在哪里更为重要。"这句话确确实实说的就是马云，之所以马云有"一意孤行"的魄力，就是因为他相信自己，相信自己的眼光。就是这种自信，一种能够吸引人的自信，让人不得不围绕着他前行。这是一种个人魅力，让你不由自主地向其靠拢。

每个人的人生都像是一部电影，一辈子总结下来也就那数十分钟。结局却总是那么几种，要么主角完美收场，要么悲剧结尾，要么悲喜交加，要么争斗不断。能够大卖的大多是剧情悲喜交集、情节跌宕起伏的影片，情节平淡无波澜的影片总会被埋没在影院的角落里。人生也是如此，你无法预知结局如何。既然影片开头了，你就只能尽全力让故事情节变得丰富精彩。只有这样，才能有各种不同的结局，或好或坏。好的电影总是会让人回味无穷，无论是故事情节还是结尾。但电影终究是电影，总要有个结局的。我们每个人都是电影中的主角，每部电影都有不一样的故事情节，没有到影片最后，谁也无法预料结局如何。也许是悲剧，也许是喜剧，也许什么都不是，只是一个瞎想的结局。但无论如何，我们逃不过这场电影的主角身份，而重要的是我们该如何创造情节，让这部电影畅销热卖。

苏格拉底说过："世界上最快乐的事，莫过于为理想而奋斗。"但又有多少人有过理想，又有多少人真正为理想奋斗过？我们降临在未知的世界中，不断摸索，不断探求，又有谁知道我们能够到达的彼岸在何方呢？左拉说过："生命的全部意义在于无穷地探索尚未知道的东西。"马云就是这样的先行者，他不断地去发现商机，看准后马上付出行动，绝不错失任何他认为是机遇的机会。他就是这样的人，有理想，有抱负，知道自己的方向，永不放弃，奋力前行。他从不在意前方是否有荆棘，前方是否有沼泽地，他的眼中只有前行的道路，无论前方道路有多么坎坷，都不能阻挡他前进的脚步。也正是因为拥有这样坚定、自信、永不言败的精神，马云才成就了无数的将"不可能"变成"可能"的丰功伟绩。

生活总是变幻莫测，你无法预知将来会怎样，即使是明天，你也无从得知会发生什么。我们能够做到的就是珍惜今天，切忌明日复明日。既然我们无从得知明天，那么我们就更应该过好今天。就算生活背叛了我们，我们也要一如既往笑着面对，无论今天怎样，我们都要全力以赴，只有这样，我们才能把"不可能"变成"可能"。

不拼你怎么知道自己有多优秀

马云经典心得:

☆ "中国为什么没有乔布斯？他到了中国肯定死，美国资本主义发展了三百年，才有这样的参天大树。我尊重乔布斯，但我不认为他到了中国一定会赢。再给我们时间，我们一定会让世界看到中国有更高大的树木。我们可以改变世界，但最重要的是改变自己。"

☆ "谢谢，但是你们应该恭喜的是我们的投资者，而不是我们。"

☆ "男人的胸怀是委屈撑大的。"

拿破仑曾说："我们应当努力奋斗，有所作为。这样，我们就可以说，我们没有虚度年华，并有可能在时间的沙滩上留下我们的足迹。"每个人只要活着就要拼搏，就要为了生存而奋斗。只有奋斗才能让你拥有好的生活，当然这也是要凭着你的毅力和能力来创造的。马云说过："中国为什么没有乔布斯？他到了中国肯定死，美国资本主义发展了三百年，才有这样的参天大树。我尊重乔布斯，但我不认为他到了中国一定会赢。

再给我们时间，我们一定会让世界看到中国有更高大的树木。我们可以改变世界，但最重要的是改变自己。"马云用他的行动证明着自己，他也的确用事实证明了他能够改变世界，当然是先改变了自己然后才改变了世界。这个世界并没有什么与众不同，我们生活的空间完全是取决于我们如何规划和创造，那么我们就应该好好利用这有利的条件来奋斗。对于一个成功者而言，挑战对于他们是一个命题，而他们要做的是通过命题让自己主导世界。

　　2003 年对于马云来说，有着非同寻常的意义，这一年不但见证了阿里巴巴在困难面前的团结，也见证了阿里巴巴进入更高的台阶的时刻。为什么说这一年是意义非凡的一年呢？这一年是非典肆虐的一年，正好广州有个招商会，马云思考了很久是否要去。但是，当时正是最恐慌也是最容易被感染的时候，但是作为一个企业的领导人，再三考虑还是不想错过机会。于是，他决定去，一个女孩主动提出愿意前往。但不幸的是，回来后女孩不断地咳嗽，最后发烧，到医院检查后，确诊为感染者。就这样，阿里巴巴不幸地被"幸运"所喜爱，他们受尽白眼。所有人认为如果没有马云的决定，不去参加招商会，就不会出现这个问题。马云也是非常伤心，他也无法挽回了。而此时此刻面临的又一大问题是，这件事情的发生是否会让所有事情停下来呢？令他没有想到的是，这件事情并没有扰乱军心，不但没有造成员工们的人心惶惶，而且营业额也翻了好几番。就在同一年，孙正义的 8200 万元美金的投资让整个商界为之震动。2004 年 2 月 17 日资金全部到账后，阿里巴巴召开了新闻发布会，在记者招待会上，媒体纷纷向马云表示恭喜。但是，马云的一句话让记者们"惊呆"了，马云说："谢谢，但是你们应该恭喜的是我们的投资者，而不是我们。"这句话至今还被广泛引用着，这份自信与坚定，让我们由衷地佩服与感慨。

虽然这一年发生了太多无法预料的事情，但是面对问题时，马云依然会淡定而坚定。无论是"非典"，还是投资，马云永远都是认真处理，全力以赴。更有趣的是，8200万元美金这个金额的确定是在卫生间内达成的。虽然种种事情听起来很平静，但其中的波折与努力是我们看不到的，也是无法体会的。从他种种经历来看，马云从未荒废一天，他努力拼搏，执着上进，坚毅低调。他有着比一般人更加狂热的心，他从不畏惧结果，他只看重当下，然后结果却是成功的。

马云曾说："男人的胸怀是委屈撑大的。"人生的道路上是没有一帆风顺的，在布满荆棘的道路上我们只能选择前行，因为人生是要走下去的，只要你迈开步你就没有办法回头了，就要勇往直前。雪莱曾说过："如果你过分珍爱自己的羽毛，不使它受一点损伤，那么你将失去两只翅膀，永远不再能够凌空飞翔。"在困难面前，我们要勇敢面对，只有经历了困难，你才能从中磨砺，让你的羽翼更加丰满。我们在面对事情上，不能只片面地分析它对你造成的伤害，而要看它能够让你得到什么。有的时候经验比得到更加有价值，当你的经历多了，你的经验也就随之增加，有了经验，有了斗志，有了坚持，有了梦想，成功就会来到你的面前。拼搏吧，奋斗吧，人生短暂，时间有限。我们的未来由我们掌控，即使不知道结果，我们也要去尝试。只有努力拼搏，你才有50%的成功几率，倘若你不去尝试拼搏，那么你的几率永远都为0。

茅以升说过："人的大脑和肢体一样，多用则灵，不用则废。"我们要选择不断尝试，不断探索，不断求新。只有这样，我们才能够早别人一步，然后成功。马云就是一个这样的人：我不管这件事情有多少人反对，我先去做，我不会反驳任何人，但是我也不会受任何人的影响。坚持己见，勇往直前，不悲不弃，因为在人生的道路上，只有奋力拼搏，你才知道你的能量有多大，你有多么优秀。

第四章

▼
▼

不满足是实现
成功的动力

　　要想提升自己，就要用尽全力向前奔跑，切勿原地不动。要想达到目的，你就要有不满足于现状的心理，并且知道下一步该去往何处，切不可像懒人一样成天抱怨。每个人的人生都有一种力量，这种力量来自每个人自身的追求。其实生活就像气球一样，你用力吹，它才会越来越大，你的空间也会越来越大。所以人一定要有梦想、有目标，这样你才会有动力。

真正把自己搞明白

马云经典心得：

☆ 我今天早上来之前在网上查了一下，看到很多线下小店说在打折，在关店，都说了一个事，"都是马云惹的祸，都是淘宝惹的祸"。其实我在想，13 年前我们在推广整个电子商务的时候，我们会说互联网会影响生产、制造、销售，互联网将会影响社会的方方面面，电子商务将会对很多的行业带来巨大冲击，很多人并不以为然。

☆ 对所有创业者来说，永远告诉自己一句话：从创业第一天起，你每天要面对的是困难和失败，而不是成功。我最困难的时候还没有到，但有一天一定会到。困难是不能躲避，不能让别人替你去扛。九年创业的经验告诉我，任何困难都必须你自己去面对。创业者就是面对困难。

☆ "战略不能落实到结果和目标上面，都是空话。"

孔子曰："知之为知之，不知为不知，是知也。"就是说，知道就是知道，不知道就是不知道，这才是所谓的知道。懂就是懂，不懂就是不懂，切不可不懂装懂。一个人最可怕的并不是他不知道什么，而是他认为知道什么其实却不知道。任何一个问题的答案，你知道三分之一，那你就不可以说你懂，这样反而害人害己。

马云曾说过："我为什么能活下来，那是因为第一我没有钱，第二是我对网络一点不懂，第三是我想得像傻瓜一样，就因为这样我成功了。"那为什么马云能够成功呢？当时在没有钱的时候，马云能够卖小商品维持生活。他还卖过花，最终还是挺了过来，这不单单是一个小的问题，而是反应了一个大的方面：马云能够在逆境中找到方式方法来达成目标，他明白自己想要什么，该朝着什么样的方向去走。他懂得该放弃什么，该坚持什么。他从来都不会看眼前的利益。他什么都不懂，但是他懂自己。2015 年 5 月 25 至29 日， 2015 贵阳国际大数据产业博览会暨全球大数据时代贵阳峰会在贵州举办。在数博会开幕式上，马云说："我今天早上来之前在网上查了一下，看到很多线下小店说在打折，在关店，都说了一个事，'都是马云惹的祸，都是淘宝惹的祸'。其实我在想，13 年前我们在推广整个电子商务的时候，我们会说互联网会影响生产、制造、销售，互联网将会影响社会的方方面面，电子商务将会对很多的行业带来巨大冲击，很多人并不以为然。"或许他又有了新的想法，又有了下一个目标，但是在他未说之前，我们无法猜测到。

马云说过："对所有创业者来说，永远告诉自己一句话：从创业第一天起，你每天要面对的是困难和失败，而不是成功。我最困难的时候还没有到，但有一天一定会到。困难是不能躲避，不能让别人替你去扛。九年创业的经验告诉我，任何困难都必须你自己去面对。创业者就是面对困难。"马云不但能看出事情的本质，也懂得自己应该做哪些，应该如何去做，怎样去做，自己该承担什么。

马云就是这样的人，他知道自己懂什么，了解什么，应该做什么，怎么去做。"不懂的我可以让别人来做，但是我来说如何去做"，这就是马云。他永远都不满足于现状，总是勇于挑战。这件事情成功了，他一定会去挑战另一件事，他总是不停地去探索，去发现。俄国小说家契诃夫说过："对自己不满足，是任何真正有才的人的根本特征之一。"任何一个成功者都不会只满足于此时的现状，他们像一个探险者一样，总是不断地摸索，不断地找寻，他们就怕不惊险。他们喜欢到别人到不了的地方，想别人想不到的方向。他们总会出其不意让你惊慌，当你惊慌时又发现，他们又选择了下个目标，又要开始新的航程。

人贵在懂得如何取舍，只有懂得自己才能懂得取舍。古人云："有失必有得，有得必有失。"无论你得到了还是失去了，得到与失去都共同伴随着你。人得到时不必狂喜，失去时也不要焦躁，人生不是得到就是失去，重点在于你看重的是什么。

喜剧演员查尔斯·斯宾赛·查理·卓别林爵士，他与巴斯特·基顿、哈罗德·劳埃德并称为"世界三大喜剧演员"。他还是一名反战人士，同时也是一名非常出色的导演。卓别林一生共出演了80余部喜剧片，其中有多部作品都能反映卓别林从一个普通的人道主义者成为一名伟大的批判现实主义艺术大师的过程。卓别林一生都在用生命演绎，他的表演艺术极其精湛，表达出他对下层劳动者的同情、对资本主义社会弊端的讽刺及对法西斯希特勒的无情鞭笞。他的种种表现受到了麦卡锡主义的迫害，被迫离开了美国去到瑞士。在瑞士，他仍然不忘初衷，拍摄了《一个国王在纽约》这部影片，强烈地讽刺了麦卡锡主义。当然这个过程是非常艰辛的，在最初，卓别林曾这样说过："其实我并不喜欢自己早期的影片，那些影片中我还无法掌控自己，一两块奶油蛋糕飞到人脸上，虽然还有点有趣，但是整个影片很是单调寡味，也许我并没有能够一贯地做到实现我的意图，但是我也不愿用粗鄙和庸俗的行为去赢得笑声。"

卓别林即使成了艺术大师，也从没忘记自己想要什么，应该怎么去做。每一个真正的成功者都有一个目标与目的，只有当你懂得了自己，你才能懂得如何去做。目标和目的是引领你走向成功的基点，你只有拥有了这两项并且能够认识自己，那么你注定是成功者。

无论在卓别林的世界，还是在马云的世界，或是更多成功者的世界，任何成功者都不是被模仿的对象，每个人都有他独特的思想与行为，模仿终究是达不到和他们一样高度的。我们能够做到的是学习他们如何能够走向成功，他们是如何认识成功的。马云说过："战略不能落实到结果和目标上面，都是空话。"只有了解自己想要什么，你才会有目标，当你有了目标并付出行动，坚定地前行，成功才会向你招手。

明确自己的 人生定位

马云经典心得：

☆　"钱多的时候，人最容易变得愚蠢。"

☆　"创业时期千万不要找明星团队，千万不要找已经成功过的人。创业要找最适合的人，不要找最好的人。"

☆　"我们花了两年的时间打地基，我们要盖什么样的楼，图纸没有公布过，但有些人已经在评论我们的房子怎么不好。有的公司的房子很好看，但地基不稳，一有大风就倒了。"

人最怕的就是好高骛远，当你对自己有了很好的定位时，你就不会偏离自己的轨道，你就会按照自己唯一而独特的轨道行驶，你永远也不会触碰到最危险的地方。因为你了解自己的人生轨道，所以当你偏离时，你会自觉地回归正轨。

马云曾说："钱多的时候，人最容易变得愚蠢。"当有任何原因影响到你的思维与行动时，这是考验你的时候到了。每个人的一生都会面临着不同的选择，各种各样的选择。对于马云来说，他知道自己的人生应该要怎样走，他选择了用钱作为工具来辅助他完成梦想。往往很多人并不知道自己想要的是什么，所以总是这条路上走一下，那条路上走一下，结果哪一条路上也没留下他完整的痕迹，而他的目光也永远留在脚下。马云说过："创业时期千万不要找明星团队，千万不要找已经成功过的人。创业要找最适合的人，不要找最好的人。"这是马云对于组建团队的观点，他知道自己要的是创新，而非是成功案例。他知道自己想要什么，他懂得一个好的团队应该是什么样的。对于生活也是一样，在创业初期，马云和妻子都投身于事业上，忽视了对孩子的管理。有一天，他发现孩子痴迷于网络游戏时，他突然意识到自己的疏忽，于是立刻决定让妻子在家陪着孩子，并且说他绝对不会做关于游戏的项目，他不想孩子最后毁在网络游戏上。

　　从简单的小事上，我们可以看出马云对事业与家庭的认知，对自己心中所想要的东西的明确性。想做什么，不想做什么，非常明确。马云说过："我们花了两年的时间打地基，我们要盖什么样的楼，图纸没有公布过，但有些人已经在评论我们的房子怎么不好。有的公司的房子很好看，但地基不稳，一有大风就倒了。"从马云最初创建海博翻译社到现在，我们可以看出马云是如何一步一个脚印地走过来。马云是一个踏实的人，无论对人还是对事，他总是踏踏实实，坚定不移。当你把自己的人生定位成一名商人，利益将是你的追求；当你把自己的人生定位为一名创业者，成功将是你的追求。

　　马云说过："人永远不要忘记自己第一天的梦想，你的梦想是世界上最伟大的事情，就是帮助别人成功。"马云这句话已经告诉我们，他所做的一切就是为了帮助别人成功，帮助他人就是在帮助自己。每个人都要有一个梦，并且为了圆梦而努力，这样才是价值的体现。

每个人都应该为自己定位一个方向，找到方向为之努力，这样才能成就梦想，开创不一样的人生。

尽早规划自己的人生

马云经典心得：

☆　"永远不要跟别人比幸运，我从来没想过我比别人幸运，我也许比他们更有毅力，在最困难的时候，他们熬不住了，我可以多熬一秒钟、两秒钟。"

☆　"我们公司是每半年一次评估，评下来，虽然你的工作很努力，也很出色，但你就是最后一个，非常对不起，你就得离开。"

☆　"我深信不疑我们的模式会赚钱的，亚马逊是世界上最长的河，8848是世界上最高的山，阿里巴巴是世界上最富有的宝藏。一个好的企业靠输血是活不久的，关键是自己造血。"

人生的变化是我们无法控制的，但是我们可以尽量让它朝我们所设想的方向靠拢。为什么要尽早地规划自己的人生呢？首先，我们并不知道未来会变成什么样子；其次，只有尽早规划好人生，我们才能知道要如何面对未来。所以，尽早规划自己的人生是伟大而必不可少的一步。很多名人从小就立志长大后要做什么，所以从确定目标开始，他们就为之努力。对于没有目标的人来说，他们总是不知道未来的方向在哪里，该如何迈出下一步。他们对未来就会很迷茫，总是会以走一步算一步的心态来做事，这样的人是非常被动的。如何让自己变得主动呢？未雨绸缪是最好的应对方式，也是为自己未来铺平道路的最好方式，只有有了计划，你才会有下一步的方向。

人生需要正确的定位，定位正确，不但能充分挖掘出自身的潜力，同时也能在面对任何选择的时候有好的判断，这样就可以在未来的道路上少一些曲折。怎样定位呢？是喜欢干什么、适合干什么、想干什么、现在能干什么吗？其实定位是无限逼近、不断优化的一个过程，它能够让你朝着一个方向发展前行，不至于在前行的道路上迷茫。

人生本来就是一个大的演练场，演练得越多，你的经验也就越多。马云小时候学习不好，后来辍学。机缘巧合，让他读了路遥的《人生》，让这个辍学的年轻人重新走进学堂，有了人生的目标。这个目标虽然不是很明确，也不知道以后要干什么，如何去做，但是他有了眼前的目标，他知道只有达到了这个目标才能有成功的机会。他开始努力学习，他要成就梦想。虽然考试屡次失败，家人也对他失去了信心，但是他没有对自己失去信心。皇天不负有心人，虽然马云的分数离本科线还有几分，但是他却幸运地升为了本科生。

马云说："永远不要跟别人比幸运，我从来没想过我比别人幸运，我也许比他们更有毅力，在最困难的时候，他们熬不住了，我可以多熬一秒钟、两秒钟。"所以，拓展人生宽度的方法很简单，却又很难。简单是因为它就有两个字"坚持"，难是因为很多人都做不到。没有人希望自己的人生是平淡的，也没有人甘于落在别人之后，只有想不到的没有做不到的。马云说过："我们公司是每半年一次评估，评下来，虽然你的工作很努力，也很出色，但你就是最后一个，非常对不起，你就得离开。"这是马云的淘汰法，也是很多公司的淘汰机制，虽然你很努力，但是总有比你更努力的。只要你努力的程度没有追赶上其他人，你就只能是被淘汰的人之一。

马云说："我深信不疑我们的模式会赚钱的，亚马逊是世界上最长的河，8848 是世界上最高的山，阿里巴巴是世界上最富有的宝藏。一个好的企业靠输血是活不久的，关键是自己造血。"正因为如此，从一开始马云看到互联网，相信互联网开始，就没有离开过互联网。他的深信成为他行动的动力，他相信他的一生也离不开互联网了。

理想是成功的原动力，我们必须有目标，有理想。每个人都有一个参照榜样，只是我们如何去学习、去效仿。很多人从小就有理想，有抱负，从小就知道长大后要做什么。这样的人即使长大后并没有实现理想，成就也不会太低。毕竟谁都有成长的过程，这个过程中很有可能改变了他的思想，但是只要有理想，他的人生肯定是精彩不断的。

新东方创始人俞敏洪曾说过："人的一生是奋斗的一生，但是有的人一生过得很伟大，有的人一生过得很琐碎。如果我们有一个伟大的理想，有一颗善良的心，我们一定能把很多琐碎的日子堆砌起来，变成一个伟大的生命。但是如果你每天庸庸碌碌，没有理想，从此停止进步，那未来你一辈子的日子堆积起来将永远是一堆琐碎。"

每一个年轻有为的人都有一个梦想，每一个老有所成的人都有一个希望。他们坚持的是自己的信仰，他们奋斗的是自己的人生。无论是成功者还是在通往成功道路上的创业者或是迷茫的思考者，我们都应该在此时此刻认真思考下，我们想要的是什么？你向往的人生是什么样的？我们该如何去做？如何向目标前进？每一个思想的形成都可能带你通往成功之路，每一个行动中的坚持都可能引你到达终点。越早规划，越早开始，也越早成功，而拖延是失败的导火索。所以，要尽早地规划自己的人生，让旅程提前开始，让我们跑在时代的前沿。虽然领跑者的道路会有些艰辛，但是只要你坚持，并有理想、有计划地进行，你的人生将会有所作为。

目标能引导
你走向成功

马云经典心得：

☆　"我发现一个问题，现在很多人都是晚上时想出了很多想法，但是到了早晨，所有的想法都变了。他们总是会在晚上说明天要去哪里，但是到了早上就会忘记昨天所想所说，就这样永远不付出行动。"

☆　"如果早起的那只鸟没有吃到虫子，那就是被别的鸟吃掉了。"

☆　"如果你不采取行动，不给自己的梦想一个实践的机会，你永远也没有成功的那一刻。"

每个人都有目标，不管是现在的还是曾经的。但你的目标是否都达到了呢？无论小的考试目标，还是大的理想职业等，我们都有过目标，并且都有完成过和未完成过的目标。但是无论目标是否达成，我们都能从中学到对我们有价值的经验。无论是哪种经验，都是我们人生中某个过程的总结，也是我们迎接下一个过程的阶梯。

当马云第一次接触到互联网时，他就有了目标。他觉得互联网一定会改变人类，在中国的市场上一定有更广阔的空间。但是当时的马云并不知道它将如何改变人类，影响中国。但是他知道自己的心，他要去做，他想去做。于是他辞去了工作，开始向互联网进军，经过无数场大小战役，最终胜利归来。马云说，其实任何人都能够成功，往往你们没有我的胆子大，你们总是有想法却不敢付出行动。马云说："我发现一个问题，现在很多人都是晚上时想出了很多想法，但是到了早晨，所有的想法都变了。他们总是会在晚上说明天要去哪里，但是到了早上就会忘记昨天说想所说，就这样永远不付出行动。"一个连梦想都没有的人，他是不会成功的。当你有了梦想，有了目标，却不行动，也就不可能成功。任何事情想到就要去做，而非想到却不做，也不奋力去做。马云不是，他喜欢将自己的想法马上实施起来，他从来都不会拖拉。

马云就是这样的人，他的眼光独到，他坚定执着的态度也为他后续事业的成功奠定了坚实的基础。虽然他成功了，但最初的目标因无人支持让他孤独不已。而这种孤独，也让他更加独立刚毅，加之眼光独到，他在后续实现目标之路上更加顺利。

马云13岁那年，他还在读初中。他的班里来了一位教地理的女老师，老师美若天仙，课讲得也好，同学们都被她深深吸引着，马云也不例外。有一天，老师为了激励学生学习地理，便讲了一个亲身经历的小故事。有一次，她在西湖边游玩，来了几名外国游客向她问路，并且想了解一下西湖的旅游景点。女老师英语非常好而且还非常了解杭州的旅游景点，于是她用一口非常流利的英语为外国游客们讲解旅游景点的相关信息，游客们非常开心。讲完后她告诉同学们："同学们，你们一定要学好地理，如果你们遇到了游客问路，如果回答不上来，多给中国人丢脸啊。"这一句话，让本来无心学习的马云，突然茅塞顿开，他并没有注意到老师说要学好地理这一点，反而想到的是，如果英语学不好，岂不是也很丢脸。于是，他下定决心，要学好英语。想到就要马上行动，放学后，马云用自己小金库中的钱买了一本袖珍词典，开始苦练英语，并且成了"杭州英语第一人"！

马云的成功并不是偶然，而是必然。他是一个有目标就会付出百分之百努力的人，也正因为如此，成功必然会选择他。有目标并付出行动，然后用正确的方式方法向目标靠近，那么你终会踏上成功者之路。马云说过："如果早起的那只鸟没有吃到虫子，那就是被别的鸟吃掉了。"每个人的人生虽然各不相同，但是同在一个环境下，只有看谁更加努力，谁更加能够吃苦。

每个人都应该为自己设定一个长期目标和一个短期目标，只有这样我们才会不断进步。我们无论遇到什么事情，都要在乐观中觉醒。

他望着一座高山，那就是他的目标，说："我一定会卷土重来。"他紧盯的是山巅，旁边众多小山包，他一眼都不会看，这是乔·吉拉德说过的话，乔·吉拉德是全世界最伟大的销售员。在35岁以前，乔·吉拉德的人生是失败的。他生意破产后，父亲对他很不满，朋友们也都远离了他，他很痛苦。但是他没有放弃自己，没有放弃希望，在负债9万美元的情况下，他开始重新审视自己，定位自己。他决定做销售，通过朋友介绍，他来到了汽车销售公司。做销售最为重要的就是口齿清晰，但是乔·吉拉德有严重的口吃。为了克服这点，他每次说话都放慢语气，并认真听客户的需求。也正是因为他认真的态度，让很多客户都不忍拒绝他。他也认定只要自己认同自己，那自己肯定行。重点在于要勇于尝试，之后你会发现你所能做到的连你自己也会感到惊异。三年以后，乔·吉拉德成了全世界最伟大的销售员，他说："因为我相信我能够做到。"

即使破产，即使口吃，乔·吉拉德也没有放弃希望，也没有抱怨气馁，只因他相信他能够做到。乔·吉拉德对于工作的认真，对每一个细节的重视，是值得每一个销售人员、每一个有认真态度的人学习的。乔·吉拉德说过，当他一天卖了 6 辆车时，他总想能够卖 9 辆。他也一直朝着他想要达成的目标前进。目标可以让人充满激情，可以让人有明确的方向。马云说过："如果你不采取行动，不给自己的梦想一个实践的机会，你永远也没有成功的那一刻。"当一条大道上有光在指引你的时候，这条路不但是光明的，也是最有希望的。成功的道路上只要有目标，就有方向，有了方向，再加上行动，成功的终点就在你眼前。

**再难也不要
找借口**

马云经典心得:

☆ "这是一次战役,一场伟大的战争。"

☆ 作为公司负责人,我很想承担所有的责任,如果可以的话。

☆ "做任何事情,必须要有突破,没有突破,就等于没做。"

☆ 有三种人我们不要去打扰他,一是没有梦想的人;二是借口太多的人;三是没有主见的人。因为他们宁愿受苦受折磨,痛哭流涕去后悔,也不愿改变生活、改变自己!改变是极其痛苦的,不改变是会更加痛苦的!不努力,别人想拉你一把都找不到你的手在哪!

　　当我们来到世间,就面临着一场场的磨难,有的人选择逃避,有的人选择面对,有的人选择迎难而上,有的人选择知难而退。生活原本就是多灾多难的载体,只是每一件事情的发生都不会提前让我们预料到。这种未知会让我们恐惧、逃避,但是往往越是恐惧逃避的人,越是会遇到苦难,为什么会这样呢?有句话说得好,笑对人生的人永远都是幸运的宠儿。这是一种面对苦难的表现，也是一种接纳并且从容对待苦难的态度。面对苦难，每个人的选择都是不同的，处理方式也是不同的，从每个人不同的态度中，我们能够看出磨难对于每个人的意义和价值。每一个磨难都是一个挑战，而对于挑战来说，没有比"生死"更为严酷了。

2003年，对于马云来说，是难忘的一年。当他老了的时候，再与阿里巴巴老人们坐在一起喝茶时，2003年也会是有故事的一年。2003年，对全世界人们来说是恐慌的一年——"非典"来到了我们的生活中。我们共同生活在一个环境下，对于阿里巴巴的所有员工们也是一场世纪性的考验与挑战。马云曾这样评价："这是一次战役，一场伟大的战争。"这次"非典"事件，阿里巴巴员工被感染了。马云受到了外界的指责，很多人都不理解，为什么在这么危险的时刻他会有这样的决定。但是马云认为他的做法是正确的，虽然这件事情他也很难过，但是事情发生了，他就要面对，他没有解释为什么会有这样的决定。在一个灯火通明、夜深人静的夜晚，马云带着沉重的心情给全体员工写了一封信，信中他说："我知道今天做任何解释都毫无意义！毕竟事情已经发生了！我为此表示遗憾！虽然我的准备是最好的，但是种种偶然让我措手不及，我们还是被它击中！虽然应急方案用上了，但是还存在很多的不足与漏洞，很多问题都值得我们认真反省。作为公司负责人，我很想承担所有的责任，如果可以的话。但是现在，此时此刻还不是追究责任的时候，我需要大家与我共渡难关，迎接挑战！我相信我们共同努力很快会战胜这次灾难！虽然经历了不幸，但是这几天我很感动，面对挑战，所有人选择乐观、坚强的态度。我们共同肩负阿里人的使命与职责！灾难总会过去的，而生活仍将继续……"

在这段话里我们可以看出马云并没有逃避任何责任，并且鼓励大家共渡难关，他没有解释为什么会导致这样糟糕的结果，也没有为自己的决定找借口，更没有推脱责任，他努力让事情往好的方向发展。一个领导者，不但要有领导的能力，更要有承担责任的担当。在面对问题时，要努力地解决，而不是奋力地找借口推脱。借口是一个很可怕的东西，一旦你拥有了，你将很难摆脱它，你也会和成功擦肩而过。人这一生，需要面对的困难太多了。如果每一个困难你都选择逃避、推脱，那么这条路你将走得非常辛苦。困难并不一定是坏的，很多机遇都是从你解决困难时迸发出来的。当你逃避困难时，也许你正在躲避机遇，机会是为有准备的人准备的。无论是困难还是机会，当它到来时，你要做到就是欣然接受它，然后努力把握住，因为任何借口都无法掩盖你逃避的事实。

在美国西点军校，有22条军规，其中有一条就是：工作无借口。当军官问话时，学员们只能有四种回答："报告长官，是！""报告长官，不是！""报告长官，不知道！""报告长官，没有任何借口！""没有任何借口"是每一个西点军校学员都要遵守的行为准则，无论是任何事情、任何结果。在服从的角度上，你没有任何借口可以解释，只有做到或者没有做到。虽然这句话会让我们感觉到强权主义，但是当我们真正去体会，并落实在任何事情上时，我们会发现，这是一种执行力的表现。当这句话深深刻在心里时，它就会迫使我们想尽一切办法去完成任务，没有选择，没有借口。

事实上，任何一个借口都是我们用来逃避责任的方式。所以借口对于有责任感的人来说没有任何意义，而这句话也在不经意间让你对事情负责并且承担，这是一种责任心的表现。我们一旦做错了事情，总是要找这样或者那样的借口，只为了让自己所犯的错误有一个合理的解释，这也是大多数懒惰的人习惯性的处理方法。在做错事情时，借口让我们可以暂时逃避困难和责任。虽然会短暂地缓解我们内心的忧虑,得到心理的慰藉,但是,最终带来的结果是我们不可预料的。所以,"没有任何借口"是处理事情最有效的方式。

马云说过:"做任何事情,必须要有突破,没有突破,就等于没做。"我们应该学习西点军人们对待问题的态度,他们永远只有服从。在任何问题面前,他们首先想到的就是如何去解决,怎样让局面变得有可控性。他们从不会为失败找借口,找借口在西点人心中是可耻的行为。从入校开始,每一条军规都深深地烙在他们的心里,那是永远也抹不掉的烙印。在做每一件事情时,这些军规都时刻提醒着他们,保证完成任务是他们的宗旨,即使遇到再难的问题,也会尽全力找到解决方案,即使没有成功,他们也不会找任何借口。

马云说:"有三种人我们不要去打扰他,一是没有梦想的人;二是借口太多的人;三是没有主见的人。因为他们宁愿受苦受折磨,痛哭流涕去后悔,也不愿改变生活、改变自己!改变是极其痛苦的,不改变是会更加痛苦的!不努力,别人想拉你一把都找不到你的手在哪!"对于成功者来说,每一步都是踏着艰难走过来的,如果你有任何一丝的逃避,你所有的努力都有可能化为灰烬。马云之所以能够成功,与他面对问题的态度有着直接的联系。

选择好人生 的进退

马云经典心得：

☆　"看见 10 只兔子，你到底抓哪一只？有些人一会儿抓这只兔子，一会儿抓那只兔子，最后可能一只也抓不住。CEO 的主要任务不是寻找机会而是对机会说 No。机会太多，只能抓一个。我只能抓一只兔子，抓多了，什么都会丢掉。"

☆　我天天在担心，但是我只是担心自己不够努力，我担心自己没看清楚灾难，我担心自己没把握好机遇。但有一点不用担心，你们一定会遇到眼泪、冤枉、委屈、倒霉各种事件，一定会碰上，这个不用担心，你碰到这些了，就这样想：早知道它会来的。

☆　也许今天你是最好的，但未必明天还最好；今天也许你是最差的，但社会给了你很多的机会，只要你把握，只要努力，总会有机会。

☆　很多年以前我说，我用望远镜都没有找到过对手，人家说你好骄傲。其实他们没有听到我的下一句：我用望远镜找的不是对手，是榜样。

老话说："上山容易，下山难。"每个人都有理想，有抱负，当我们为了理想而努力成功后，我们会很难割舍很多东西，毕竟那是汗水与泪水的成果。也正因为无法放弃一些东西，很多人最终变得不快乐。对于马云，很多熟识他的朋友都知道，马云对钱的概念很模糊。他只把钱当作是工具而已，面对抉择时，他会毫不犹豫地把钱交出去。对于马云来说，结果最重要，钱只是个工具。马云说过："看见10只兔子，你到底抓哪一只？有些人一会儿抓这只兔子，一会儿抓那只兔子，最后可能一只也抓不住。CEO 的主要任务不是寻找机会而是对机会说 No。机会太多，只能抓一个。我只能抓一只兔子，抓多了，什么都会丢掉。"所以在理想和金钱的选择中，马云会放弃后者。

在马云的每一段经历中，我们都可以看出他的做事态度。他做的每一件事情都让我们觉得好像是在做最后一件事情一样，总是那样全身心地投入，无条件地付出。好像这件事情就是最后一件事，一定要做好，必须要做好。这是他的做事准则，也是他做事的态度。只要他决定的事情就决不放弃，再艰难也会走下去，想尽一切办法也要维持下去，直到成功为止。任何困难都无法阻挡他前进的脚步，好像那就是唯一一个前进的方向一样。

马云在一次演讲时说："人生最后不管今天多么成功，你最后死的时候才能够看看你到底赢了还是亏了，所以我觉得我们刚刚开始起步。我想给大家个建议，也是真实的感受，这30年来，我天天在担心，但是我只是担心自己不够努力，我担心自己没看清楚灾难，我担心自巴没把握好机遇。但有一点不用担心，你们一定会遇到眼泪、冤枉、委屈、倒霉各种事件，一定会碰上，这个不用担心，你碰到这些了，就这样想：早知道它会来的。这是一个纠结的时代，这个时代看起来充满着怀疑，充满着各种不信任。这世界看起来缺乏各种各样的机会，但这世界看起来又有各种各样的机会，这世界看起来年轻人似乎是可以无所不能，什么事情都可以做，但看起来年轻人什么事情又都做不了。所以我觉得这是一个纠结的时代，恭喜大家来到一个很了不起的纠结时代，因为纠结是一种变革，因为我们正在进入一个变革非常快速的时代。如果没有变革就不会有阿里巴巴的今天，阿里巴巴、马云有今天就是因为前30年中国的变革。未来30年我想跟随大家，你们会改变这个世界，你们会把握这个机会。纠结、变革都是年轻人的机遇，也是这个时代的机遇。在变革的时代，我也特别想给大家分享一下我自己的经历，前30年我一直坚持三样东西，我也希望大家去反思和思考这三样对你是否有用，就是三个坚持：第一永远坚持理想主义，第二要坚持担当精神，第三要坚持乐观的正能量。也请大家记住，也许今天你是最好的，但未必明天还最好；今天也许你是最差的，但社会给了你很多的机会，只要你把握，只要努力，总会有机会。最后给大家一个建议，永远相信你的对手不在你边上，在你边上的人，都是你的榜样，哪怕这个人你特讨厌。很多年以前我说，我用望远镜都没有找到过对手，人家说你好骄傲。其实他们没有听到我的下一句：我用望远镜找的不是对手，是榜样。"

马云从不看重任何过程中的得与失，他看重的是结果。他说之前30年他坚持了三个坚持，而后来的30年他希望和大家一起改变世界，这是他的目标，也是他在努力做的事情。但是令所有人想不到的是，在2013年5月10日，淘宝10周年纪念日上，马云宣布退休了。这是为什么呢？马云做了如下解释：

"如果我现在不退下来，到了退休年龄，我就不愿意退了，谁都不能再动摇我了，因为那时的我就会没有安全感了。我现在也会没有安全感，尤其是看着年轻人越来越强、越来越厉害，你就会不由自主地弱下来。很多问题上已经没有办法超越，有些东西真的是不懂的，但是你又没办法对他们强硬，因为你不懂，否则就全乱套了。成功是个偶然，失败就是必然了。每个人都有胜负欲，你越是成功就越想着更成功，这是人的天性。到时候你出了问题，你就必须找理由了，其实找理由就是一种不自信的表现，那是个借口。我是非常喜欢看别人怎么失败的书的，当年毛主席多厉害，1955 年他要是退休了，那就真的是神人了。其实有时候只是一个取舍问题，但是当你到达一定高度的时候，越高你就越不想下来了。"

马云就是这样的人，不贪不躁，懂得取舍。无论是从前 30 年的三个坚持，还是最后的退休。马云的作风都是雷厉风行，从不犹豫。做事如此，做人亦是如此。他从不贪恋任何事物，该前进的决不后退，该退让的决不死守。马云的人生经历丰富而简单，在最困难时，决不放弃，在最辉煌之时，毅然放下，让年轻人放手去做。马云是一个懂得如何规划自己人生的人，虽然马云退休了，但是他并没有闲下来，他仍然用他的能力做一些事情，比如投身公益事业，马云对环保尤为关注。马云说："我现在的梦想就是有放心的食物、空气和水。"谈到公益，马云说："这和责任无关，只是出于热爱。"我们可以看出，马云对于人生的态度，虽然退休，但仍在路上……

第五章

▼
▼

任何时候都要
敢于担当

　　什么样的人才受人尊重？什么样的人能够凝聚团队人心？什么样的人更
容易创业成功？无疑，是敢于担当，富有责任感的人。敢于担当是一种高贵
的品质，它就像是一块磁铁，可以吸引很多志同道合的人来到自己的身边，
来支持自己，进而帮助自己实现心中的愿望。所以，无论是做人还是创业，
都要做一个敢于担当的人，这样才更容易获得成功。

责任面前没有任何借口

马云经典心得：

☆　如果你承认自己所犯的错误，我相信你的同事、你的员工会对你表示尊重，因为人不怕犯错误，就怕不承认错误。

☆　如果一位管理者自己从来都不愿意承担责任，总是在责任面前推三阻四寻找借口，那么他手下的员工还愿意为这样的领导拼命吗？没有人愿意为一位喜欢推卸责任、让下属当替罪羊的领导做事。

☆　没有人能够想当然地"保有"一种好生活，而要靠自己的责任感去争取。

美国第16任总统亚伯拉罕·林肯曾经说过："每一个人都应该有这样的信心：人所能负的责任，我必能负；人所不能负的责任，我亦能负。如此，你才能磨炼自己，求得更高的知识而进入更高的境界。"

林肯这句话的意思很明确，人要懂得担当责任，承受后果。而作为一个成功的人，更是必须先做到这一点。只有先做到这一点，才具备成功的前提。

在电视剧《亮剑》中，有一集讲的是蔡家庄受到日军袭击，全村没留下一个活口。当李云龙知道这是日军的第四旅团井口大队所为时，当即决定为乡亲们报仇。此时政委赵刚却谨慎地对他说："总部刚下命令，让我们化整为零，跳出包围圈，转到外线作战，不经请示就主动出去，老总会怪罪下来的！"

但李云龙十分霸气地说："要么打出去，要么在这儿等死，将来怪罪下来，我李云龙一个人扛着，与你们无关。"李云龙刚刚说完，张大彪和沈泉就立马站到李云龙这边。见到这种情形，赵刚也说："军事指挥你说了算，要是以后背处分，咱一起扛着。"

从这段话中，我们可以看出：李云龙是一个敢于主动承担责任的人，也正是因为他这种负责任的态度，他手下的士兵愿意听从他的派遣，愿意跟着他一起拼命去打鬼子。如果把独立团比作一家企业，李云龙就是这家企业的总经理，并且是一位敢作敢当、勇于承担责任的经理。这正是独立团这家企业战斗力惊人的根源。

试想一下，如果一位管理者自己从来都不愿意承担责任，总是在责任面前推三阻四寻找借口，那么他手下的员工还愿意为这样的领导拼命吗？没有人愿意为一位喜欢推卸责任、让下属当替罪羊的领导做事。

有一次，马云应邀参加了北大光华 EMBA 开学典礼仪式，并在这场仪式上发表了讲话。他在演讲开篇这样说：

中国企业里面需要更多的是领导者，而领导者要敢于承担责任，敢于承认错误，敢于发现人才。

我觉得在中国或者是全世界很少有企业家敢于承认错误。让我震撼的一次是在 2001 年互联网的冬天。在亚洲互联网大会上，我是倒数第二个发言，我自己并没有觉得什么，上去讲了一句话，我说我特别惭愧这两年我犯了无数的错误，但是我没有想到下面所有的人一起给我鼓掌，有一个人说互联网冬天没有人承认自己犯错误，如果你承认自己所犯的错误，我相信你的同事、你的员工会对你表示尊重，因为人不怕犯错误，就怕不承认错误。

马云之所以能带领阿里巴巴从一家只有几个人的小公司，在十几年的时间里，迅速成长为世界级巨头企业，就是因为其身上的担当精神。这种不找借口，无条件承担责任的品质，就像是一块磁铁，可以吸引到很多志同道合的人来到自己的身边，来支持自己，进而帮助自己实现心中的愿望。

当年马云着手打造支付宝时，起先并不顺利，因为中国法律规定，在私人企业没有取得支付执照前，是不可以做自己的支付体系的。为了解决商家与消费者之间的支付障碍，马云和很多银行都谈过，但银行都认为这种支付体系难以形成气候，不愿意在这方面浪费精力和财力。

这让马云非常着急，因为如果没有一套成熟的支付体系，电子商务就没有前途。正当马云陷入苦恼时，他被邀请参加达沃斯论坛活动。在那次论坛活动中，马云听了很多优秀企业家对领导力的阐述，他们的阐述都有一个共同的核心，即领导力也意味着责任。

这次论坛活动对马云的触动非常大，在活动结束后，他就立即给公司的员工打电话，说："现在就开始做，如果将来要有任何的问题，如果政府不开心，要有人去坐牢，我马云愿一力承担。"就是在这种情形下，支付宝诞生了。

试想一下，如果当初没有马云对承担责任的坚决态度，还会有如今用户人数达到 8 亿的支付宝吗？还会有让银行紧张得睡不着觉、让消费者开心得合不拢嘴的余额宝吗？答案自然是否定的。

无论你在职场中处于什么样的地位，普通员工也好，管理者也罢，都必须学会承担责任，在自己的责任面前不找任何借口。

比如你是企业的管理者，作为企业的领头羊、风向标，自身的表现决定了企业的走向和员工的表现。任何公司的发展，都会遇到各种困难，这时候，管理者必须要有担责的心态，要挺身而出率先做出承担责任的举动，这样员工才会服你。如果管理者不担责，而是让员工去承担，这无疑会让员工觉得管理者是个无赖，功劳全部是自己的，过错全部是属下的。试想，员工会心甘情愿跟着这样的管理者一起打拼吗？

同理，如果你是一名普通员工，在职场中如果不愿意承担自己的责任，面对自己应负的责任时表现得推三阻四，那么怎么么会受到领导的青睐呢？怎么会得到同事的认同呢？要知道，责任，是必须有人来担负的，它不会凭空消失。属于你的责任，你不承担，就必定会有其他人来承担，这对于其他人来说是非常不公平的。时间一久，你必定会受到团队的排挤，甚至是淘汰。

所以，无论是在生活中还是工作中，属于自己的责任，都要毫不犹豫地全力承担。毕竟，没有人能够想当然地"保有"一种好生活，而要靠自己的责任感去争取。

靠输血活
不久，关键
是自己造血

马云经典心得：

☆ 一个企业要想活得好，就不能一味模仿他人，而要学会创新。

☆ 我不喜欢模仿，因为这种生存方式是靠输血而活的，永远无法获得主动权，跟在其他企业身后的企业，是难以获得竞争优势和市场话语权的。

☆ 我从来不谈"模式的创新"，因为我无法在我旗下每个公司创业第一天就规划给它成型的样式。我觉得我们的模式是"需求"出来的：根据客户需要来调整自己，甚至他要什么，我们就调整成怎样。

马云曾经说过："一个好的企业靠输血是活不久的，关键是自己造血。"不少人对这句话存在一定的误解，他们认为马云要表达的意思是企业培养自己的人才，而不是一味招聘人才。事实并非如此。

马云当时的原话是："我深信不疑我们的模式会赚钱的，亚马逊是世界上最长的河，8848是世界上最高的山，阿里巴巴是世界上最富有的宝藏。一个好的企业靠输血是活不久的，关键是自己造血。"

所以，"一个好的企业靠输血是活不久的，关键是自己造血"，这句话的真正含义是，一个企业要想活得好，就不能一味模仿他人，而要学会创新。

2011 年初，马云曾经在一场名为"创新的源泉"演讲中用直白的语言表达了他对创新的重视。在他看来，创新是 21 世纪的主基调，只有懂得创新的人和企业，才可以活下去。

下面这几段话是马云在这场演讲中的发言节选：

支付宝，现在看来也是一个很成功的创新，但在我这里，也是被"逼"出来的。当年，淘宝做得很热闹，但是没办法交易，中国的网上诚信现状倒逼我们必须解决支付的问题。但是，这个事儿得国家发牌照，我们做还是不做？大的国有银行不愿意涉足这个领域，但是他们不做，花旗银行、汇丰银行这些外资银行就会做。那年我参加会议的时候，听一位领导人讲："什么让你创新和做出对未来的决定？那是使命。"所以我告诉同事们，我们做"支付宝"。但是，我会每个季度向央行等有关部门报告我们到底怎么做的。要做得干净，做得透明。

支付宝的模式其实也谈不上创新，甚至很愚蠢，就是"中介担保"。你买一个包，我不相信你，钱不敢汇过去，就把钱放在支付宝里面。收到包后，满意了中介就把钱汇过去，不满意就通知中介把钱退回去。和学者们谈到这种想法时，他们说："太愚蠢了，这个东西几百年以前就有。早就淘汰了，你干吗还要做？"但是我们不想去创造一种新的商业模式，只不过是为了解决很现实的问题，至于它在技术上有没有创新，那不是我们关心的话题。经过几年的"盲人骑瞎虎"，到今天为止，支付宝的用户已经突破 5.6 亿人。

我从来不谈"模式的创新"，因为我无法在我旗下每个公司创业第一天就规划给它成型的样式。我觉得我们的模式是"需求"出来的：根据客户需要来调整自己，甚至他要什么，我们就调整成怎样。很多人说我很聪明，计划得很好，但我不是计划好的，只是看好方向，然后走下来。

……

我为什么成立这家公司，当时看可能为了生存。但是今天为什么我们还这么努力？因为创新、创造、创业的文化已经物化到了公司，也物化到了我的身上。

马云的创新意识是刻在骨子里的，他存在的意义就是为了打破传统、突破桎梏，建立新的模式和理念。正如他在几年前的一次媒体采访中所说："我希望十年以后，阿里巴巴20周年的时候，能为全世界一千万家小企业建立一个成长和发展的平台。现在听起来很荒唐，但是既然这是一个宏伟的事业，我们要用各种各样创新的想法，超越常理的方法去实现它。"

马云说："我不喜欢模仿，因为这种生存方式是靠输血而活的，永远无法获得主动权，跟在其他企业身后的企业，是难以获得竞争优势和市场话语权的。唯有自己造血，才能独立生存下去，才能不依赖外界环境也可以生活得很好。"

所以，创新成了马云和阿里巴巴的使命。马云创造的各种模式，一直被模仿，从未被超越。比如淘宝、天猫、支付宝、余额宝、阿里小贷、阿里云等，一直都在开创中国企业的新模式，并引发了一场场激烈的模仿潮。这也是阿里巴巴承担社会责任的具体表现。

说起可口可乐最强劲的竞争对手，毫无疑问是百事可乐，前者是市场领导者，后者是市场追随者。从可乐的口味到产品的价格，从品牌的定位到广告的宣传，从企业文化到包装的变迁，甚至行销活动和明星代言，百事可乐可以说是亦步亦趋，一直紧紧跟随可口可乐的脚步，二者之间的竞争一度进入白热化阶段。那么，百事可乐和可口可乐最后谁坐稳了行业老大的位置？

毫无疑问仍然是可口可乐。因为，可口可乐的口味是唯一的，所代表的美国文化也是唯一的，它是市场的先行者和开拓者。

在输血过程中获得的血液永远是陈旧的、过时的血液，而造血过程中获得血液才是新鲜的、富有活力的血液。这样的血液才能产生强大的力量，才能从根本上提升自己的体质。所以，如果你是一个创业者，并且想尽快获得成功，那么自我造血、自我创新无疑是一种捷径。

当然，我们也不要把创新看作是一种高高在上的东西。著名的管理大师彼得·德鲁克曾提出创新不是"缪斯的宠儿"，无论概念、制度，还是流程，创新都应该是普通人的工作，也只有这样的创新才最具普世价值。所以，每个人都应该有一种创新精神，将创新当作一种使命。这就要求我们首先要端正自己的观念，要以创新（造血）为目标，而非以模仿（输血）为目标。

此外，我们还需要明确的是，创新并非是只能成功不许失败，创新的过程是一个不断试错的过程，只有勇于试错，才能最终修成正果。所以，从这个层面说，创新是一个人敢于担当、富有责任感和使命感的体现。

注重名声，遵守诺言

马云经典心得：

☆　作为一种特殊的无形资产，声誉的竞争已经采用横位经济前进的驱动力，在商品交易中，事前评价生产商的声誉已经逐渐形成惯例；而对服务商，他们唯一能提供的就是声誉。

☆　企业声誉是企业的核心竞争力，它在某种程度上就相当于企业的品牌形象。一家没有良好声誉的企业，是不会有良好的品牌形象的。

☆　不管是对于企业还是个人来说，良好声誉的形成都不是一朝一夕的事情，需要长期积累和培育。

早在十几年前，美国联邦储备委员会前主席艾伦·格林斯潘就在哈佛大学举办的一场演讲中说过："在今天的世界，产品的经济增长价值越来越体现于无形资产。作为一种特殊的无形资产，声誉的竞争已经采用横位经济前进的驱动力，在商品交易中，事前评价生产商的声誉已经逐渐形成惯例；而对服务商，他们唯一能提供的就是声誉。"

那次演讲结束后，格林斯潘的这句话被当作是企业圭臬广为流传。由此可见，企业的名声对于一家企业的健康发展有着多么重要的作用。马云在创业的第一天，就深刻地理解了这一道理。用他的话说，就是要想把阿里巴巴打造成一家102年的企业，唯一的做法就是保持良好的名声。

在马云创业之初，诚信缺失是长期影响着所有企业，特别是中小企业发展的一个重要问题，那时，他就决定要把阿里巴巴打造成一个讲诚信的企业，把诚信贯彻落实到阿里巴巴的企业文化中：诚信第一，销售第二；价值观第一，业务能力第二。

马云在创建"中国黄页"的过程中，曾经被骗了四次，但是他从不去欺骗别人，同时，他还要求阿里巴巴的所有人员：不能作假、不能作弊、不能欺骗客户、不能夸大服务、不能给客户回扣等。总之汇成一句话，就是不能影响阿里巴巴的名声。

2002年3月，马云通过与信用管理公司合作的方式，对网商进行信用认证，推出了不同于"中国供应商"专区的"诚信通"，在这里可以查到包括企业的获奖情况、会员之间的评价、法院的判决、对其他企业的评价等内容的企业诚信档案，并且如同人的档案一样，无论是好是坏，都会伴随会员的一生；对于非本国的会员，必须要经过享誉全球的企业资信调查机构邓白氏、澳美资讯等的审查，合格后才准许进入。

这一举动极大地提升了阿里巴巴的企业形象，它旨在告诉所有消费者，阿里巴巴是一家诚信企业，不会欺骗消费者，更不允许欺骗消费者的商家在自己的平台上生存。

2011年，在竞争对手的步步紧逼和消费者的不依不饶下，阿里巴巴集团发布公告，在2009年和2010年两年间，2326家阿里巴巴网站中国供应商涉嫌诈骗全球买家，阿里巴巴在此向所有消费者道歉。

一石激起千层浪，这一突发事件，极大地损害了阿里巴巴的声誉。如何弥补阿里巴巴的声誉，重新赢得消费者的认同，马云一时陷入了纠结中。最终，为了阿里巴巴的声誉，马云自断"手脚"，毅然决然地开除了时任阿里巴巴CEO的卫哲，因为卫哲对此次事件负有监管不力之责。要知道，卫哲是马云在阿里巴巴最器重的高层之一。

诚信是一块跳板，这块跳板稳健，就可以借助跳板的弹力，跳跃到一个新的高度，成就一个新的高度。相反，如果这块跳板不够稳健，出现了断裂，就会跌入深渊，稍有不慎，就会粉身碎骨，永无翻身之日。因此，企业要用诚信铸就发展的道路，用诚信连接未来。

前可口可乐首席执行官道格拉斯·达夫特曾经说过："某一天早上醒来，如果可口可乐遍及各地的工厂被一场大火烧了个干干净净，但我仅凭'可口可乐'这四个字，就可以马上让一切重新开始。"这句话听起来有些夸张，但这就是声誉的力量。可口可乐物美价廉，深受全球消费者的喜爱。它良好的国际声誉，能让消费者喝得开心、放心。

所以，企业声誉是企业的核心竞争力，它在某种程度上就相当于企业的品牌形象。一家没有良好声誉的企业，是不会有良好的品牌形象的。

海尔集团如今早已是世界知名的企业。在海尔刚刚进入发展轨道的时候，张瑞敏派魏小娥去日本学习世界整体卫浴设施的先进生产技术。在学习期间，魏小娥发现日本人在生产产品时的合格率为98%。当时魏小娥便试图把合格率提高到100%，因为这样不仅可以节省生产成本，并且还能提升海尔产品的美誉度。当魏小娥从日本回来后，她便决定把合格率提升到100%。

在魏小娥的管理下，她不允许出现1%的错误。她常常告诉员工要从细节上高度重视生产工作。她说："试想一下，如果联邦快递隔夜送达的成功率只要求99%，那么每天将有6000名客户无法准时收到邮件；如果澳洲航空只要求99%的正确率，那么澳洲一天要发生211起致命的空难……所以，我们不允许出现1%的错误，这会砸了海尔的招牌。"

那么，魏小娥把工作做到多精细的程度呢？比如说她在一个产品上发现了不易察觉的黑点，就马上开会。她在会上说："这些有黑点的产品万一流向市场，就会影响海尔的美誉度，用户们喜欢拿着放大镜、听诊器去买冰箱，也会拿着这些东西来买卫浴设施。所以，我们就要做到'白璧'而不能有'微瑕'，就要让我们的工作现场一尘不染。"

有一次，魏小娥在原料中发现了一根头发，在她看来这是出现废品的定时炸弹。于是她马上要求大家统一剪成短发，并给所有的车间工人统一制作了白衣和白帽。

再联想到张瑞敏曾经的砸冰箱事件，由此可见海尔人对企业名声的高度重视。他们不允许有1%的错误发生，因为这是对企业名声的践踏和诋毁。他们精心打造的名声，也为企业的发展带来了极大的利好。消费者在购买冰箱、空调等家用电器时，第一个想到的就是海尔。

由企业到个人，这个道理同样适用。我们在工作、生活中，如果不注重名声，随意承诺、随意失信于人，久而久之，我们的名声就会败坏，给人们留下一种不靠谱、言而无信的印象，这对于我们的发展是非常不利的。试想一下，谁愿意和一个不靠谱的人合作呢？当你的客户得知你经常放空炮，他还会和你合作吗？当你的团队成员得知你经常说一套做一套，他还愿意与你为伍吗？所以，即便是个人，在这个信誉就是一切的时代，同样需要视声誉为性命。

　　当然，不管对于企业还是个人来说，良好声誉的形成都不是一朝一夕之功，需要长期积累和培育。在这个漫长的过程中，任何有损声誉的所作所为都可能会使之前的努力毁于一旦。所以，良好声誉的打造，需要始终如一地精心对待。

守信会 得到最大 的回报

马云经典心得：

☆ 如果你不讲诚信，你的企业不可能走远，很多企业因为讲诚信而得到了好处。

☆ 诚信是对自己肩负使命的一种责任，唯有诚信的人才能够担负起这种责任，正是因为诚信的存在，才能够对自己的行为有所约束，才不会让自己因不守承诺而变得平庸。

☆ 诚信作为企业声誉的基石，是企业软实力的重要组成部分。企业在市场中越诚实守信，就越会提高企业的竞争力。

"我认为做事情最重要的一点就是必须要讲诚信。如果你不讲诚信，你的企业不可能走远，很多企业因为讲诚信而得到了好处。"这是马云对于诚信在创业和企业经营中的作用的看法。

马云曾经对很多创业者说过，努力工作、与人为善、诚实守信、遵守诺言，这样对你们的事业是非常有帮助的。马云之所以这么说，是因为他在多年的创业生涯中，深刻地体会到了一个人守信的重要性。

人贵在言而有信，言出必行。而现代企业中缺少的恰恰就是"言而有信，言出必行"的人才。诚信是对自己肩负使命的一种责任，唯有诚信的人才能够担负起这种责任，正是因为诚信的存在，才能够对自己的行为有所约束，才不会让自己因不守承诺而变得平庸。

索尼创始人盛田昭夫在回答一位记者关于优秀员工所应具备的基本素质时说："如果你有某种权力，那不算什么；如果你拥有一颗诚信的心，那你就会获得许多权力所无法获得的东西，这就是作为雇员所必须具备的素质，也是每一位优秀雇员都应具备的素质！"

任何人，只有诚信地对待自己的企业，诚信地对待企业中的同事和老板，诚信地对待客户，才能够获得赏识和信任，才能在企业中立足，才能为人生发展打好基础。

马云在创办阿里巴巴初期，经济上非常拮据，加之对互联网一窍不通，在人们眼中，可谓是一个彻头彻尾的失败者。当时嘲笑马云的人很多，嘲笑的意思都差不多，就是像马云这种要啥没啥的糟糕条件，能成什么事呢？

但是，马云就是在众人都不看好的情况下，创造出了中国互联网的奇迹，让阿里巴巴成为世界最知名、最赚钱的电商巨头之一。能取得这样的成就，他创业时身边的追随者功不可没。

刚刚成立时阿里巴巴资金极其紧张，马云没有钱高薪聘人，于是采用了"以理想事业为主，薪酬股权为辅"的招聘方式，用低工资、苦差事的"承诺"招来了一大批重量级的追随者，如蔡崇信、吴炯等十八位互联网精英，后来这十八人被业界戏称为马云的"十八罗汉"。

在追随马云之前，这些人大多已经是某些专业领域的"大腕"，拿蔡崇信来说，他加入阿里巴巴的过程甚至可以说是"自投罗网"。在这之前，他已经是一家全球著名风投公司的亚洲部总裁，每年有着七十万美元的年薪，然而他却毅然决然地追随了马云，心甘情愿地每个月拿区区 500 元人民币。

一开始，马云的追随者是"十八罗汉"，后来，阿里巴巴拥有了上百名"五年陈"和"八年陈"——也就是在阿里巴巴待了 5 年和 8 年之久的人，那么，为什么他们不惜放弃自己所拥有的一切，心甘情愿地跟着马云？

因为他们相信马云。这些人都是和马云共事多年的同事、朋友，他们了解马云的秉性，知道马云是一个非常守信的人，答应他们的事情绝不会变卦，所以他们才义无反顾地追随马云。

如果不是马云多年来的守信作风，那么这些人怎么会轻易相信马云的"以理想事业为主，薪酬股权为辅"的招聘手段呢？谁会甘愿放弃数百万年薪而拿着 500 元的月薪为马云打工呢？这就是守信所彰显出的力量。它是一种人格魅力的体现。马云多年来的守信作风，让他们相信马云是一个信得过、值得跟的人。

所以，守信为马云赢得了众人的信任，更为其赢得了创造中国互联网奇迹的机会。如果马云不是一个守信的人，就不会有"十八罗汉"，不会有"五年陈""八年陈"，更不会有如今屹立于世界强者之林的阿里巴巴集团。

人在社会中、职场中要讲诚信，经营企业更是如此，为人处世的方法和原则，在很大的程度上决定创业者是否能够取得成功。能够诚信做人，坦荡做事，是创业者走向正功的一张必备通行证。

美国一家著名牛奶公司的下属企业，在一段时间内对其生产的酸奶制品提高了价格，并搞促销赠送的活动，好多客户已经订购了长期的奶票，有几个月的，有半年的。但是，促销活动结束十天以后，这家企业就私自降低了每袋酸奶的克数，由原来的 228 克降低到 200 克，他们节约了 28 克的成本，却让顾客损失了 28 克的利益。

开始并没有人注意到这一变化，但随着客户的反映，这家企业的奶制品销售业绩直线下降。牛奶公司的总经理对于这一问题非常重视。当他得知事件的始末后，立即召集所有分公司经理来总部开会，对涉事分公司的总经理进行了严厉的处罚，不仅扣除了这位经理当年的所有奖金，还责成这位经理公开向消费者致歉，并允诺接下来会对所有已经购买企业牛奶的客户进行补偿。同时，进一步解释这一问题的发生经过，承诺再次调整克数时一定调整价格，并提前公布消息。由于发现及时，这家牛奶公司的声誉并没有受到多少影响，反而因为在对这件事情处理的过程中表现出来的诚信又吸引了一批新的客户。

一个企业的长远发展，离不开社会和客户的承认，更离不开他们的信任，而企业只有对客户、对社会诚实，才能获得长远的发展。诚信作为企业声誉的基石，是企业软实力的重要组成部分。企业在市场中越诚实守信，就越能提高企业的竞争力。

很多人对此不以为然，总觉得盈利才是企业最该关注的问题。他们之所以有这样的错误观点，是因为他们不了解口碑即营销。俗话说"一传十，十传百"，这句话形象地说明了口碑传播的速度和力量。

在日常生活中，大多数人如果觉得某家企业很守信，就会告诉周围的人。每个人都有自己生活的圈子，就这样口口相传，企业的好名声便会以惊人的速度传播开来。但如果传播的是企业不守信的负面消息，则有可能三人成虎，给该企业的形象造成非常糟糕的影响。所以，一个守信的企业和一个不守信的企业，面对的将是两种截然不同的市场。

总之，无论是个人还是企业，都要切实做到诚实守信，一诺千金，绝不能做违背原则或诺言的事情。只有这样，才能为个人成长或企业发展赢得更多有利条件。

第六章

▼
▼

拒绝拖延，立
即行动

　　这是一个竞争激烈的时代，一切都讲究快速、迅捷、高效，无论是对于个人还是企业来说，只有迅速反应、立即行动才能把握机会，获得成功。一切反应拖沓、迟缓、滞后的个人或企业，都会被无情地淘汰。所以，这是一个靠迅速行动、高效执行才能得以生存的时代。

事业是干出来的，不是计划出来的

马云经典心得：

☆ 在这个世界上，从来都不缺少有想法、有计划的人，缺少的是有干劲、会行动的人。

☆ 他们的"打算""计划"永远停留在口头上，而无法变成看得见、摸得着的工作成果。这样的人，永远无法取得令人艳羡的成就。

☆ 无论你的思想和计划是多么优秀和独一无二，如果不通过干、通过实践去体现，那么一切都是徒劳无功的。

马云成名后，被一所名校邀请参加学校举办的一场创造座谈会，参会的大部分都是即将毕业的大学生。座谈会开展期间，有一位大学生对马云说："马老师，我们即将开始新的人生，你有什么忠告对我们说吗？"

马云听了这位大学生的话，说："忠告倒是没有，不过我想对你们说一句话，事业是干出来的，不是计划出来的。将来不管你们是自主创业，还是进入企业工作，都要记住这句话。只有不拖延，有了计划就迅速行动，你们才能获得更多的成功。"

在这个世界上，从来都不缺少有想法、有计划的人，缺少的是有干劲、会行动的人。马云之所以能成为令世界瞩目的企业家，就是因为他是个能把计划付诸行动的人。

1995 年，马云去美国游玩，一位朋友带他参观了西雅图的 VBN 公司，在这家公司他第一次使用电脑，也是第一次接触互联网。当时的互联网还是个很新鲜的事物，它表现出来的种种神奇对马云产生了极大的吸引力。

回国后，他立马将自己所学到的东西付诸实践，为自己当时工作的海博翻译公司做了一个 Homepage（网站主页），这一举动使海博翻译公司成为中国最早拥有网站主页的公司之一。初次尝到甜头的马云，萌生了与 VBN 公司合作的念头。

马云觉得这种合作很有前途，可以让自己在互联网领域领先所有中国企业一步。有了这一计划后，他说干就干。他先是听取朋友们讲解了对互联网的看法以及和 VBN 公司合作的各种要求，然后便开始了行动。虽然在行动前他遭到了 23 位亲友的劝阻，但仍然动摇不了他的决心。

马云毅然辞职后，拿出了自己的所有积蓄，并向妹妹借了一万多元，用凑到的两万元开始了自己的创业生涯。为了更有把握地开展互联网的相关工作，他邀请了杭州电子工业学院的计算机教师何一兵加入自己的团队。就这样，中国第一家专门给企业做主页的杭州海博电脑服务有限公司就这样开张了。这个公司的成立，为马云全面接触、了解互联网打开了大门，也为其几年后创办阿里巴巴打下了坚实的基础。

可以想象的是，如果当年马云只是计划要干一番和互联网有关的事业，而始终没有行动，那么就不会有后来的阿里巴巴，不会有后来的淘宝、支付宝这些颠覆传统行业的商业模式。即便有, 也不会是出自马云之手。马云能用 15 年的时间将阿里巴巴打造成世界电商巨头, 和他自身的积极行动有着极大的关联。

不拖延, 想好了就干, 这是成功者必须具备的一种品质。在日常的生活和工作中, 能够把成功者和失败者严格区分开的是: 行动力和执行力。没有行动就不可能完成任何工作任务, 而没有强大的执行力, 你就是一个不被团队需要的、没有价值的人。

在职场中, 我们经常会遇到这样一种人, 每一次接到工作任务的时候, 都会说"我打算……""我计划……", 但是, 实际上每一个"打算""计划"都没有落实到位, 有些打算不了了之, 有些计划半途而废。也就是说, 他们的"打算""计划"永远停留在口头上, 而无法变成看得见、摸得着的工作成果。这样的人, 永远无法取得令人艳羡的成就。

格力电器是当今中国家电行业的龙头企业之一, 格力电器的董明珠就是一位非常有行动力的人。当金融危机来临的时候, 格力电器遇到了和别的电器企业同样的问题: 销售渠道不畅通。国内许多家电器企业都纷纷降价, 或者抛售产品。但是董明珠知道, 这样做也只能解一时的燃眉之急, 对于企业长久的发展没有一点好处。

董明珠在进入格力电器高层之前是一名普通的销售人员, 她不仅销售能力出众, 而且还将其他公司拖欠了格力公司好几年的欠款全都要了回来。对于董明珠来说, 在工作中又说又做才是真理。于是她凭借着自己对家电市场的熟悉, 在进行了认真详细的市场调查之后, 建立起一整套完全属于格力电器独有的销售模式。

虽然刚开始很多人觉得董明珠的计划根本不具备可行性, 因为根本没有别的企业这样做到。但董明珠是个很强势的领导人, 她觉得自己的计划很有竞争力，当即决定全力将计划付诸行动，并想方设法为计划的顺利实施创造多种有利条件。最终的事实证明，董明珠成功了。

她建立起的新销售模式，不仅省去了很多中间环节，还让经销商和用户都获得了实实在在的好处，使格力的竞争力和美誉度大增。比如在重庆，格力公司自己的员工只有5个人，但却可以获得3个亿销售额，并且在与竞争对手春兰空调旗下的150名销售员对抗时，丝毫不落下风。

董明珠是我国非常有名的企业家，同样也是作风强悍的女强人。她从不会把自己的想法、计划束之高阁或是摆于案头，她会将想法、计划在最短的时间内，用自身的行动力和执行力，将它们在实践中变成现实，这正是格力企业能稳坐业界头把交椅的原因。

对于个人和企业来说，想象力和创造力只有付诸行动，它们才具有本来的价值和意义。简单地说，无论你的思想和计划是多么优秀和独一无二，如果不通过干、通过实践去体现，那么一切都是徒劳无功的。

所以，我们每个人都应该做一个积极行动的人，而不是做"思想派的大师"。只有踏实苦干，才能出成果，成事业。光说不做，光计划不行动，是不具备任何价值的。千万别让自己成为语言上的巨人、行动上的矮子，这是成功的大忌。

快速执行是
成功的必要
条件

马云经典心得：

☆ 如果没有优秀的执行力，再好的创意都是一种摆设，抑或是由于执行力的低下，将一个优秀创意活生生地摧残成毫无价值的想法。

☆ 在这个速度决定一切的时代，快，不仅可以帮助企业遮盖许多问题，还可以为企业赢得很多机会。

☆ 作为职场人士，能不能将创意完美地落实，获得最终的最佳答案，这是衡量我们的职业素质和专业精神的标尺之一。

马云曾经说过："一个一流的创意，三流的执行，我宁可喜欢一个一流的执行，三流的创意。"短短两句话，将马云对执行力的重视表现得淋漓尽致。

诚然，在工作中，创意是非常重要的，它往往能够帮助一个人或一个企业取得出奇制胜的效果。但是，再好的创意都是需要行动来变成现实的。如果没有优秀的执行力，再好的创意都是一种摆设，抑或是由于执行力的低下，将一个优秀创意活生生地摧残成毫无价值的想法。

相反，即便只有一个三流的创意，但由于有一流的执行力来助推，这个三流的创意最终也会得以实现，甚至是被优秀的执行力打造成了二流、一流的创意。

马云虽然不懂技术、不懂销售，甚至连电脑都不会玩，但这些并不妨碍他带领阿里巴巴走向世界。因为他有一个一流的团队，这个团队的执行力是非常强悍的。马云从不负责产品研发、业务推广、流程再造这些具体事务，而是把这些统统交给自己的团队去做，他所做的，就是给这个团队一个创意、一个方向，剩下的就由团队去执行，让他们在执行中将自己的创意一点点打磨成具体的产品。

2013年，马云卸任阿里巴巴CEO一职，由陆兆禧接任。陆兆禧在阿里巴巴十四周年晚会上做了一场演讲，他在演讲中说："阿里巴巴13年以来做得最好的一件事情，除了我们坚持梦想，还有我们团队强大的执行力。记得在中供的时候，我们无数分布在各地的区域经理，当接到总部调令的时候，第二天也不问为什么，拣起包袱，就到新的区域、新的岗位继续战斗；记得每一次在淘宝、阿里的邮件中，最后大家都会有这么一个签名：此时此刻，非我莫属。"

"这是一种承担，是一种责任，而背后支撑我们的，是我们习以为常的执行力。再大的梦想、再远的规划，都需要执行，执行让阿里巴巴的战略变得越来越灿烂，执行让我们的舞台越来越大。因为我们的执行力，客户越来越相信我们，越来越愿意把他赖以生存、发展的地方放在阿里巴巴、淘宝、支付宝——我们的平台上面。"

诚然，马云虽然很聪明，很有智慧，但他的成功绝非是他一个人的功劳。如果他的团队没有一流的执行力，那么马云有再好的创意也难以变成现实；

如果他的团队没有一流的执行力，他的创意或许会被执行力低下的员工搞得面目全非，或者是直接胎死腹中。

在这个速度决定一切的时代，快，不仅可以帮助企业遮盖许多问题，还可以为企业赢得很多机会。如果马云的团队执行力低下，那么先不说他的创意能不能变成现实，光是周围那些竞争对手，就已经让企业非常危险了。

因为马云的创意很可能被其他竞争对手攫取。虽然竞争对手在创意的攫取上慢了一步，但他们一旦有了创意，立马就可以通过迅捷的行动将其变成具体的产品，这无疑会使马云的创意失去竞争价值。

这正是马云非常重视执行力的原因。他不仅对自己严格要求，让自己具备优秀的执行力，并且还竭尽全力打造执行力高于一切的企业文化，通过这种企业文化来影响员工，让他们具备优秀的执行力。

因为执行不到位而导致失败的例子有很多。

张强是一家企业的程序设计员，由于工作经验丰富，业务知识扎实，有着非常强的工作能力，在程序设计方面几乎可以说是一个天才，经常能想出让客户眼前一亮的创意，所以老板对他非常重视。

不过，张强也有个缺点，就是做事拖沓，不干练。一次，公司的一位非常重要的客户要求设计一套保密性能高的程序，公司把这项工作任务交给了张强。

这样的程序对于张强来说是小菜一碟，因此尽管经理再三嘱咐，客户很重要，客户要保密的资料也很重要，但是张强根本没有重视。接到工作任务之后，张强就开始有意无意地拖延着，直到拖无可拖的时候，张强才马马虎虎地设计了一个程序，算是交差了。

但是，张强万万没有想到，由于自己设计的程序存在漏洞，导致客户的重要资料被人盗取，客户的公司面临着破产的危险，客户一怒之下将张强所在的公司告上法庭，要求赔偿全部的损失，而公司只能把设计这套程序的张强推出去。

张强不仅为此背上了巨额债务，更糟糕的是他在程序设计行业的声誉背上了严重的污点，再也不会有人请他设计程序了。

不可否认，张强的业务能力是非常强的，否则经理也不会把如此重要的业务交给他负责。但是很遗憾，张强虽然业务能力出色，但没有优秀的执行力，所以依然无法完满地完成任务。换个角度想，即便当时经理把这个业务交给其他员工做，虽然其他员工的能力不如张强出色，但只要他们的执行力出色，完全可以确保设计的程序没有漏洞。这一结果自然要比交给张强要好得多。

作为职场人士，能不能将创意完美地落实，获得最终的最佳答案，这是衡量我们的职业素质和专业精神的标尺之一。也就是说，身在职场，学历低不可怕，从业经验为零也不可怕，甚至能力不够突出也不可怕，最可怕的是你缺乏优秀的执行力。要知道，再有才华的人，如果他不积极做事，他的才华就是摆设，毫无用处。无论是对于员工还是管理者，皆是如此。

行动能力就是竞争能力

马云经典心得：

☆ 谁的执行力强，谁就能更快、更好地获得成果，从而战胜对手。所以，要想在激烈竞争中拔得头筹，打造卓越执行力势在必行！

☆ 凡事只有马上就做，积极行动，我们才能在激烈的竞争中为自己争得一席之地。

☆ 快速出击、迅速行动固然重要，但更要高效完成。所以在行动前先动脑才是最明智的。

如何看待一个人或一家企业的竞争能力强不强？马云给出的判断标准很简单，就是看这个人或这家企业的行动能力。没错，行动能力往往决定了竞争能力。行动可以使你的幻想、你的计划、你的目标，变为源源不断、积极向上的力量，推动着你前进。

当今时代，市场竞争何其激烈，而在大多数情况下，我们与竞争对手的差别就在于双方执行力的差距。谁的执行力强，谁就能更快、更好地获得成果，从而战胜对手。所以，要想在激烈竞争中拔得头筹，打造卓越执行力势在必行！

在刚果河畔的热带草原上，生活着快乐的动物世家，他们用各种生存绝技在这片广袤草原上繁衍生息。最为普通的生存原则就是奔跑，能否快速地迁徙运动，决定着它们的生死。而凡是得到良机的，都是那些能够立即奔跑起来的动物。

每当太阳从地平线升起，饥饿了三四天的猎豹就开始觅食，它们最喜欢的食物就是羚羊，然而羚羊最是高度警惕，一时一刻都不肯放松。多少年来，它们面对生存竞争，早就练就了一流的奔跑速度，在草原上，没有比他们跑得更快的动物了。

小猎豹问妈妈："为什么我们老在奔跑？"

母猎豹告诉它："孩子，你们没有注意到羚羊吗？它们就是我们赖以生存的食物。你们必须学会立即奔跑，只有这样才能抓住生存的机会。"

小羚羊问妈妈："为什么我们总是在奔跑？"

母羚羊说："因为每时每刻，我们的天敌——猎豹都在等待机会。我们只能不断地奔跑和躲闪，才能保持我们的生命延续。而且我们要争取跑得更快，因为猎豹跑输一次，就意味着一次捕食的失败，意味着少了一顿午餐，下次还有机会。但对于我们而言，就有了一次继续生存下去的机会。"

相信这个故事很多人都听过，但不知道大家有没有对这个故事的寓意进行过深入的思考。可以说，我们身边的市场、职场就是那茫茫的大草原。在激烈的市场竞争中，我们的产品不比竞争对手更好，我们的服务不比竞争对手更好，我们的营销方式不比竞争对手更好，我们的速度不比竞争对手更快，我们的能力不比竞争对手更强，我们的心态不比竞争对手更好，我们就难免会被市场抛弃，被淘汰出局。

所以，不论你是一名普通员工，还是手握生杀大权的职场高层，都必须明白，打造卓越的行动能力，是我们生存的前提。凡事只有马上就做，积极行动，我们才能在激烈的竞争中为自己争得一席之地。

生于19世纪中叶的美国实业家亚默尔就是这样一个拥有果断性格的人。有一天，亚默尔在办公室里看报纸，当他的眼睛从一条小标题上扫过时，忽然灵光一现，他敏锐地察觉到这是一个商机。这条小标题只有几十个字，总结起来的大致内容是：墨西哥可能出现了猪瘟。

亚默尔由这条消息联想到：假如墨西哥真的出现了猪瘟，就会发生蔓延，一定会从加利福尼亚、德克萨斯州传入美国。而这两个州是美国肉食生产的主要基地，一旦这两个州出现猪瘟，美国的肉类食品的价格就会飞涨。

想到此处，亚默尔觉得这是一个商机，于是他立即放下报纸给他的家庭医生约翰打电话："约翰，你明天要不要到墨西哥去旅游呢？我全资资助你去。"紧接着亚默尔把约翰叫到了自己的公司，说服他乘坐当天下午的飞机去墨西哥，证实猪瘟的消息是否属实。

约翰到了墨西哥后，第一时间就证实了墨西哥真的出现了猪瘟。亚默尔得到消息后，立即动用公司的所有资金，并从银行贷了一笔巨款，开始大量地收购加利福尼亚和德克萨斯州的肉牛和生猪，并将其运往美国东部的几个州。

结果，当这场猪瘟蔓延到美国西部的几个州时，美国政府便下令禁止加利福尼亚和德克萨斯州的肉食外运。这个禁令让美国的肉价飞涨，当其他肉食企业想趁机收购猪肉大发横财时，才发现大部分猪肉已经被亚默尔提前收购了。

当肉价飞涨到最高程度时，亚默尔抓住时机将自己早已准备好的肉牛和生猪投放到市场，在短短两个月，亚默尔的公司就赚了近千万美元之多。

　　我们在佩服亚默尔精明的商业头脑之时，还要看到其果决的行动力。就是这份果断的勇气，让亚默尔成功地抓住了商机，为自己的企业扩大市场规模提供了有力支持。

　　无论是生活还是工作，我们都需要这份果决的勇气，只有改掉犹豫不决、拖拖拉拉的毛病，才能打造出迅捷的行动力，同时相应地提升自己的竞争力。如果做事扭扭捏捏，其结果就是错过一个又一个商机，与竞争对手拉开的距离也越来越大。

　　迅速行动非常重要，但这并不是说我们可以莽撞地行动。快速出击、迅速行动固然重要，但更要高效完成。所以在行动前先动脑才是最明智的。

　　就像爱迪生让自己的助手测量一下灯泡的容量，助手在收到指示后第一时间就开始计算，助手用标尺度量灯泡的长、宽、高，然后进行复杂的计算。爱迪生看着助手几乎"愚蠢"的做法，非常生气。他接过助手手中的灯泡，往灯泡中倒满水，然后把水倒进烧杯中，让助手读出杯中的水容量。此时，助手才恍然大悟。

　　本来测量一个灯泡的容量，可以有更简便、更容易的办法，但爱迪生的助手却忙于完成任务，抢时间行动，没有去思考有没有更快捷的办法，所以耗费了大量的时间而不能完成任务。

　　身未动脑先行，思考也是执行的一部分，而且思考的价值往往比简单执行要大得多，如果不懂思考，莽撞行动，那我们只能像钟表一样每天忙得团团转，却一直在原点踏步，这样的话，还谈何竞争力呢？因此，在行动之前，对做事方法进行足够的思考同样是确保行动成功、提升竞争能力的重要保障。

喊破嗓子
不如做出样子

马云经典心得：

☆ 那些喊破嗓子，却从不动手的人，是不折不扣的空想家、"演说家"，而企业需要的是实践者、实干家，只有后者才能为企业创造价值，才能真正提升企业的竞争力。

☆ 空泛的言语永远显得苍白无力，只有甩开膀子地干，才是一切成功的基石。

☆ 要想获得成功、他人的赏识以及好运气，不妨从现在开始少说话多做事——闭上嘴，低下头，动起手，你终会赢来最后的胜利！

美国《商业周刊》曾对世界 500 强企业的 CEO 和职业培训机构权威人士分别做了一次调查：什么样的员工是最有执行力的员工？答案惊人的相似：崇尚行动，坚守说到不如做到的员工。

出现这个结果也在情理之中。因为那些喊破嗓子，却从不动手的人，是不折不扣的空想家、"演说家"，而企业需要的是实践者、实干家。只有后者才能为企业创造价值，才能真正提升企业的竞争力。

马云曾经参加过一所著名大学举办的企业家讲座论坛，在那次论坛上，一位大学生问马云："我热爱旅行，我想将来做个像玄奘、徐霞客、马可·波罗那样伟大的旅行家，请问我如何更快地做到？"

马云说："要么你拿根棍子拿个碗现在就上路，要么你使劲去挣 100 万，然后用这 100 万去行走世界，总之不要成为一名'口号家'。"

言词不过枝叶，行动才能结出果实。这是马云非常喜欢的一句话，也是其创业生涯中一直遵守的准则。马云想做淘宝，他没有一味地空谈，而是脚踏实地地去做了，并且获得了成功；马云想做支付宝、余额宝，他没有停留在空想阶段，而是立即付诸行动，并且获得了成功；马云说未来是大数据时代，谁能掌握云计算，谁就是王者，他同样没有光说不做，而是带领自己的团队开始了声势浩大的网络云研发，如今阿里云已经初具规模。

马云是一个具有实干精神的企业家，他从不热衷于喊口号，而是注重于做。他虽然口号没有别人喊得嘹亮，但他的事情却往往做得漂亮。在生活中、职场中，无论你是个普通人，还是高高在上的管理者，都应该像马云一样，不仅要有想法，更要有做法，这才能获得成功。否则的话，说得天花乱坠，也不会有任何意义。

刘芸是一位长相甜美、充满青春活力的年轻女士，一毕业就开始在一家外贸企业做总经理助手，如果两个月试用期过后，可以被公司录用，那么她就相当于给自己赢取了一种优质生活的保障。因为一旦被录用，不仅有高达两万元的月薪，还有每年 3 次的国外旅游福利以及丰厚的年终奖。

为了能够被正式录用，刘芸每天在总经理面前积极表现，并且说了很多漂亮话。但是，两个月的试用期结束后，她并没有获得总经理的认可。对于这一结果，刘芸不仅倍感失落，还非常生气。

于是她找到总经理，问自己哪里不合格，总经理很客气地告诉她，说她不太适合做秘书。但是刘芸对这个答案并不满意，她觉得总经理是在敷衍自己，就步步紧逼。

无奈之下，总经理只好实话实说："好吧，既然你这么执着，那咱们就好好谈谈。你看，你在你的办公桌上贴了不少便签，比如'工作期间不能忘记的20件事'，内容包括：提醒老总的日常工作安排；帮老总带好名片；帮老总清理掉垃圾信件……可是，你有没有做到呢？上周咱们外出见客户时，你还忘记帮我带名片。小刘，工作都是靠做的，不是挂在口头上，说得再漂亮，做不好一样是无效的。你一定要清楚，100句激励人心的口号，也比不上一个实在的、更具意义的行动。"

相信无论是在生活中，还是在职场中，和刘芸一样的人不在少数。职场如战场，你的"空头支票"一旦被发现，很可能招致同事、上司、老板等人的反感，你很有可能因此失去自己苦心经营的一切。

我们一定要明白，空泛的言语永远显得苍白无力，只有甩开膀子地干，才是一切成功的基石。甩开膀子地干，是一切理论的根基，唯有努力地去做，才能使一切成为现实。那些不眠不休地喊了一辈子"口号"，但从未付出过行动的人，到头来收获的依然是一场镜花水月的梦。

有个非常虔诚的佛教徒，他始终坚信只要自己虔诚信佛，佛祖就会帮助自己实现愿望。为此，他几乎每隔两天就往寺庙里跑一趟，而且他的祈愿词都是相同的，他对着佛祖的圣像虔诚地说："佛祖啊，请您看在我如此真诚的份上，让我中一次彩票吧。"说完后便磕三个响头，走了。

两天后，他又来到寺庙，再次重复了上次的祈愿过程。就这样周而复始了好几次。终于有一次他怒气冲冲地跑进寺庙，哀怨地对佛像说："我的佛祖啊，您怎么这么狠心呢？我对您如此虔诚，您怎么就不能让我中一次彩票呢？我只需要一次，就可以渡过眼前的难关。只要您答应我这个请求，我将来会更加虔诚地信奉您。"

此时，寺庙里悠悠地传来一个声音："我可以让你中一次彩票，但你起码应该先去买一张彩票吧，难道你还要我帮你买彩票吗？"

这个佛教徒其实就是我们的化身。生活中，很多人都说过"我要开一家公司，再也不给别人打工""我要像马云一样有钱""我要在三年内把自己的公司规模扩大一倍"等诸如此类的话，可结果呢？最后都沦为了空头支票，因为我们仅仅在喊，却从未切实地去做过。

没有行动，一切想法都只能是纸上谈兵，说与做永远是两码事。没有人喜欢说得漂亮、做得不怎么样的人。要想获得成功、他人的赏识以及好运气，不妨从现在开始少说话多做事——闭上嘴，低下头，动起手，你终会赢来最后的胜利！总之，空谈误国，实干兴邦，人人都需要具备实干精神。

下篇

▶▶

周群飞

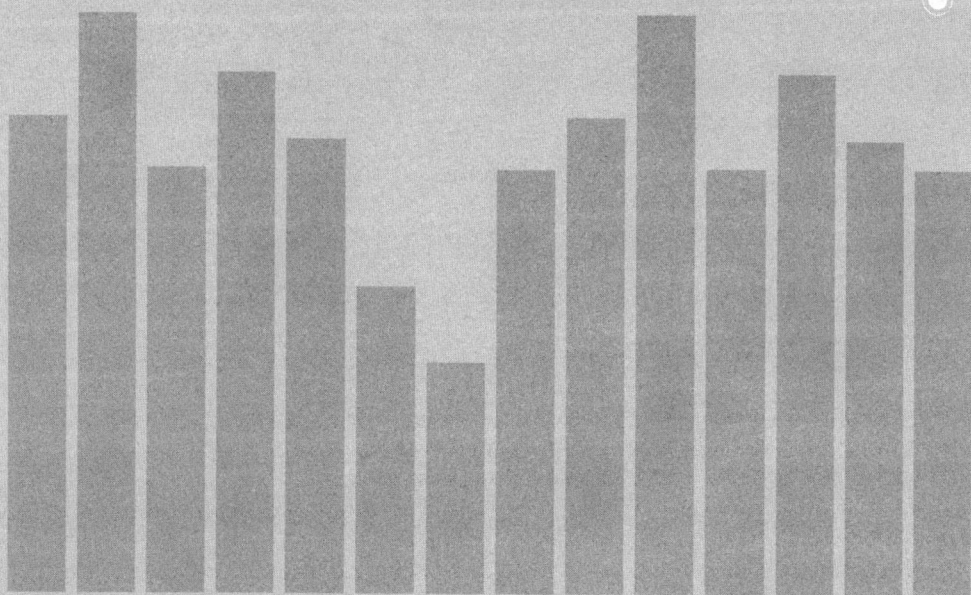

第七章

▼
▼

靠努力学习去改
变自己的命运

　　每个人的成长都离不开学习，学习也是最基本的生存条件。从我们呱呱坠地到人生尽头，从啼哭开始，说话、走路、生存等，都是不断学习的过程。每个人的一生，都要学习并经历苦涩，即使你在学步，也难免摔倒，这是谁都躲不过的。

　　我们的一生就是在学习积攒各个方面的知识，因为知识改变命运，学习改变人生。

艰难困苦是一笔宝贵的财富

周群飞经典心得：

☆ 他是一个残疾人，还要不停地学，何况是我呢？

☆ 我们能做的就是抓紧时间学习，充分利用逆境锤炼我们的意志，提升我们的能力。

☆ 认真面对每一种艰难困苦，也许它就是你一生最有价值的财富。

"吃得苦中苦，方为人上人。"这是我们常说的一句话，也是在苦难中我们会对自己说的一句话。安徒生说过，一个人必须经过一番刻苦奋斗，才会有所成就。我们对于成功者的故事，无论是看到的还是听到的，都体会不到他们的艰辛，其实每一个成功者的背后都曾经历过无数的艰难困苦，只有经历过无数艰难困苦的人，才有能力在成功的道路上奋勇向前。

其实，人生就是一场磨难的集结，我们每一天都在面对着问题，解决着问题。只是随着年龄、经历和经验的不断增长，让原本是问题的事情很容易就解决了，但是还有很多困难是需要我们面对的，这时如果你退缩了，那么你就失去了成功的机会。因为机会是给有准备的人准备的，每个人每一天都在选择，每一天你都有可能错过很多机会。重点要看你是否能够正确判断和把握，机会不会站在你的面前，它只会在你的眼前走过，遇到了你便是幸运的，错过了你便真的错过了。所以任何事情我们都要努力去解决，不能逃避，因为我们生来就是面对和解决问题的。

周群飞，蓝思科技有限公司的创建人，一个出生于湖南湘乡的女子。2015年3月30日，默默无闻的她一时间成为世人瞩目的焦点，新的中国女首富。从一个打工妹到企业董事长，从默默无闻到世人皆知，周群飞的辉煌人生得以绽放，她是夺目的明星。在世人面前，周群飞永远是面带微笑的，但是在她成功的背后却有着极为心酸的故事。为什么说艰难困苦是一笔宝贵的财富呢？因为只有当你经历了艰难困苦，你才懂得如何去面对并解决眼前的问题。如果只是一味逃避的话，那你的生活是否还能继续前进呢？

她出生在一个并不富裕甚至可以说特别贫寒的家庭，在她五岁那年，她的母亲永远地离开了她，而她的父亲又因为一个意外事故导致视力衰弱，几乎失明。这对原本就不富裕的家庭来说，更是雪上加霜。俗话说："穷人的孩子早当家。"虽然她的父亲是一个坚强而充满责任感的人，可以学做各种各样的手艺来赚钱补贴家用，但是懂事的周群飞并没有忘记她的责任，她开始了半工半读的生活。

父亲对她的影响是极大的。虽然父亲残疾，但他却拜过八位师傅，并且这八位师傅都是不同行业的。周群飞说过："他是一个残疾人，还要不停地学，何况是我呢？"无论生活多么艰难，她也从来没有放弃过自己的理想和坚持。在周群飞看来，一切艰难困苦都是可以克服的。虽然也有过绝望，也有过伤心，但是她从来没有放弃过希望。杜甫说过富贵必从勤苦得，要想成功就要为之勤苦奋斗，努力学习。

从五岁开始，周群飞就和父亲相依为命，而父亲又体弱多病，所以生活的重担大部分就压在了周群飞的肩膀上。父亲是一个明智的人，他支持周群飞学习，他知道知识改变命运的道理。因为父亲的影响，懂事的周群飞暗下决心，必须要靠知识改变命运。于是，周群飞将打工地点的首选放在了深圳大学附近，方便她半工半读。生活是艰辛的，但是艰难困苦并没有将这个年轻女孩打倒。在打工的日子里，她考取了各种证书，但是唯一让她后悔的就是因为工作过于繁忙而放弃了学习英语。

在周群飞的世界里，艰苦的生活是她学习的动力。面对任何困难，她都会迎面而上，没有任何困难能够阻挡她前进的脚步。

灾难本身即是一剂良药，毛泽东说过："任何新生事物的成长都是要经过艰难曲折的，在社会主义事业中，要想不经过艰难曲折，不付出极大努力，总是一帆风顺，容易得到成功，这种想法，只是幻想。"人生就该如此，有多少人是在艰苦生活中努力学习，成就未来的？有多少人是在痛苦与泪水中铸造人生辉煌的？又有多少人是在命运的摧残中与之对抗而战胜自己的？每一个成功的故事背后都是泪水与汗水的结合，我们每个人的每一天都是一个学习的过程，也许你没有学到新的知识，但是你也是在不断重复着每一个你曾经学到的知识，这就是人生。

在人的一生中，谁都不可能一帆风顺，事事如意，你可能会遇到各种各样的困难和挫折，也是我们常说的逆境。遇到它你可能会不愉快，但是它们不会因为你不喜欢就不到来。我们能做的就是抓紧时间学习，充分利用逆境锤炼我们的意志，提升我们的能力。

当你战胜所有困难和挫折后，你会发现，你的进步和收获是不可估量的，他们对你来说是具有非比寻常意义的。丘吉尔说过，能克服困难的人，可使困难化为良机。珍惜每一个你遇到的困难，它将是你成功的基石。认真面对每一种艰难困苦，也许它就是你一生最有价值的财富。

持续不断地学习才是真学习

周群飞经典心得：

☆　持之以恒，敏而好学，不耻下问才是真正的学习之道。

☆　一个人的胸怀，成就一个人的命运。

☆　人的一生可以默默无闻，可以低调平淡，但是你必须要在一生之中完成一件需要持久坚持的事，这样你的人生才有意义。

古话有云："好学而不勤问非真好学者。"这句话的意思是，即使你不断地学习，但你却不思考新的问题也不是一个真正喜欢学习的人。持之以恒，敏而好学，不耻下问，这些才是真正的学习之道。每个人成长高度的区别就在于学习了多少知识，掌握了多少技能。

因为父亲的影响，懂事的周群飞从小就有了计划，有了目标。在20世纪70年代的山村，很少有通过学习来改变命运的人，但是父亲却非常支持周群飞学习。因为父亲身体多病，所以很多家务和农活都要靠这个瘦小的女孩子来完成，很多时候她是没有办法完成正常的学业的。

后来她来到深圳大学附近的一家小工厂打工，由于规模小，做的只是一些简单的东西，她认为学不到东西了，于是便想到了辞职，并写了人生的第一封辞职信。她曾开玩笑说："也许是我的字写得还不错，所以引起了厂长的注意。"厂长觉得她是一个懂得感恩并且是一个积极上进的优秀女生，没有批准她的辞职要求，而是留下了她，并且给她升了职，还让她到另一个全新的部门去做管理。对于周群飞来说，这是一个不错的学习机会，可以学习到不同的工艺。于是她来到了新的部门——丝网印刷部，这个决定改变了她的一生。

周群飞很努力，对于知识的渴望，让她想尽各种办法去学习。由于没有人可以教她，她只能自己想办法，好在她从一个北京来的同事那里得到了一本《丝网印刷》的书籍，这本书对她来说太重要了。

周群飞把这本书当成宝贝，天天都捧着看。书中自有精华在，周群飞仔细地阅读，恨不得找出每一个字的精华所在。这本书至今还是蓝思科技的真传之宝。也正是因为周群飞的好学，让她对于技术方面的知识了如指掌。通过书本知识与实际的结合，周群飞更加相信学习的重要性，每遇到一个问题，她总是会找各种方式去解决。正所谓"书读百遍，其义自见"，在工作中，遇到技术上的任何疑难杂症她都会翻书，边学边做。

华罗庚曾说过："聪明出于勤奋，天才在于积累。"周群飞的勤奋努力和对知识的钻研让她对各个环节的技术都了如指掌。如丝印、出菲林、晒网版、烘烤、调色到褪油等所有流程她都能够操作。据了解，现在行业中所使用的玻璃油墨也是出自周群飞的研究配方，她的团队也是处于行业领先位置。他们研制了行业收条自动印刷线、退镀线、烘烤线、CNC 加工的设备和工艺。更加难得的是，她从不将劳动成果据为己有，她将研究所得成果与同行业人士共同分享。

正所谓"一个人的胸怀，成就一个人的命运"。对于周群飞来说，无论是学习还是在其他方面，她都做得令人满意。但是好景不长，厂长因为个人原因离职了。出资人要将工厂重新整顿，听到这个消息后，周群飞非常震惊。

她找到了出资人，主动和他说："工厂的所有工艺我都懂了，并且我还很年轻，希望你能给我一次机会，如果我亏了你的钱，我一辈子给你打工，如果赚了，工资随便你给。"就这样，老板被她的执着和勇气所打动，她从一个印刷部门的主管一下子变成了统帅整个工厂的负责人，这个机会对于周群飞来说是来之不易的，她更加珍惜与努力。正如萧伯纳所说："如果我们能够为我们所承认的伟大目标去奋斗，而不是一个狂热的、自私的肉体在不断地抱怨为什么这个世界不使自己愉快的活，那么这才是一种真正的乐趣。"

因为大家的努力，生产量增加了，工厂的规模也在逐渐扩大，周群飞能够施展和学习的平台就更加广阔了。无论是布线、消防、设备、报关还是其他各种小事情，周群飞都要亲力亲为。在她的心里，事无大小之分，只要是事情就是大事情，就要重视。也正是因为拥有这样的心理，让她能够全面掌握一切事态的动向。

通过三年努力，原本一个小小加工厂，发展得初具规模，而这个时候新情况出现了。厂子越大，公司的"皇亲国戚"也在逐渐增加，很多人因为周群飞的认真、较真而排斥她。无论她怎么做，都无法使情况得到改善。正是因为这些因素的掣肘，她已经无法再有更大的作为，最后她决定辞职。

虽然很是不舍，但是没有任何办法可以改变现状，只能离开，"挥一挥衣袖，不带走一片云彩"。人生最可贵的便是舍弃，周群飞舍弃了所有的一切，也带走了最有价值的东西，那就是知识和技能。

周群飞就这样带着这些年积攒的经验和技术知识离开了厂子。这么多年以来，周群飞一直不断地摸索与学习，这让她掌握了所有技能，最后她带走的是最有价值的东西，也为她日后的发展奠定了良好的基础。李大钊说过："凡事都要脚踏实地去做，不弛于空想，不骛于虚声，而唯以求真的态度做踏实的工作，以此态度求学，则真理可明，以此态度做事，则功业可就。"

人的一生可以默默无闻，可以低调平淡，但是你必须要在一生之中完成一件需要持久坚持的事，这样你的人生才有意义。狄更斯说过："我想一切胸襟宽广的人都有雄心大志；但是我所器重的心怀大志的人，却是那些坚定而有信心地走这条道路的人，而不是那些企图一蹴而就、浅尝辄止的人。"

任何事情都有它必经的过程，所以什么事情都不可操之过急，要在稳中求胜才是成功之道。学习也是一样的，我们一生之中都要不断地学习，而学习是最不能马虎的事情，尤其不能一蹴而就。

任何人都有值得你学习的地方

周群飞经典心得：

☆　任何人都有值得我们学习的地方，我们不能只看到别人的缺点，也要发现他人的优点，不能嘲笑他人的缺点，也不可愤愤于别人的优点，这才是一个明智的人。

☆　一个善于学习的人总是善于用一种虔诚的眼光去发现周围人的优点。

☆　一个人，如果善于发现别人的优点，其心胸必然也是广阔的，如果总是发现别人的缺点，其心理往往就是阴暗的。

孔子曰："三人行，必有我师焉。择其善者而从之，其不善者而改之。"三个人一起同行，其中一定会有可以做我老师的人。选择他的优点向他学习，把他的缺点作为自我改正的借鉴。每个人都有他自己的优缺点，正所谓："尺有所短，寸有所长"。任何人都有值得我们学习的地方，我们不能只看到别人的缺点，也要发现他人的优点，不能嘲笑他人的缺点，也不可愤愤于别人的优点，这才是一个明智的人。

人生就是在不断地总结经验。无论是从自己经历的事情上，还是从发生在身边人身上的事情上，你都能从中学到很多有用的知识。世界上没有完全相同的两个人，为什么女娲造人各不相同呢？就是让我们在互相学习中不断成长。

从 2015 年 3 月份开始，我们突然就知道了一个低调中的高调人物——周群飞，蓝思科技有限公司创建人。其实从 2003 年蓝思科技有限公司创建开始，周群飞在行业中已经是小有名气了。但是因为她一直是一个很低调、不张扬的人，所以除了同行业外，很少有人了解她。直到蓝思科技有限公司成功上市那一天，也就是 2015 年 3 月 18 日，这一天是万众瞩目的一天，也是周群飞一夜成名的一天，更是蓝思科技有限公司一鸣惊人的一天。

无论是亲朋好友，还是合作商，对周群飞的评价都是温柔大气、豁达开朗、坚毅刚强、认真、有责任感，正是这样的精神面貌让客户们倍加信任她。周群飞知道技术的重要性，她坚持技术开发，以求做到独特创新，拥有别人都没有的技术。正因为周群飞的执着好学，才造就了她的功成名就。她的好学让她的技术掌握得非常全面，她的钻研精神让她拥有别人没有的技术。这使她在同行业里拥有比较先进的技术，也拥有了更多的合作客户。

周群飞对知识的追求、对技术的钻研精神是令人佩服的，她可以将自己所掌握的技术结合起来，研究出令客户满意并且无人能够掌握的先进技术。这也让蓝思科技有限公司在行业中占有领先地位，让蓝思科技有限公司在行业中的竞争力更加强大。

"学而不思则罔，思而不学则殆。"这是孔子对弟子说过的一句话。意思是学习而不深入思考，就会越学越糊涂；思考而不学习，就会无所得。人贵在对知识的理解和钻研，无论是知识还是技术都需要认真思考，仔细钻研才能掌握其中的奥妙。古话说："知之者不如好之者，好之者不如乐之者。"只要喜欢学习，在快乐中学习，并且享受着这份快乐，那么所有问题都可以迎刃而解。周群飞就是这样的人，因为喜欢学习所以快乐，因为快乐所以享受学习，所以任何问题对她来说，都只是在享受学习带来的快乐，所以成功者的队伍中便有了她。

一个善于学习的人总是善于用一种虔诚的眼光去发现周围人的优点。

一个人，如果善于发现别人的优点，其心胸必然也是广阔的，如果总是发现别人的缺点，其心理往往就是阴暗的。每个人都有他的优点和缺点，重点是你用什么角度去观察。

即使最灵敏的人也看不见自己的脊背，即使眼力最好的人也看不到自己的耳朵。这个世界就是如此，没有人十全十美，也没有人生来全是缺点。德伦西说过："能从别人的过错中看出他的优点，那才是最聪明的人呢。"善于发现他人的优点是一种美德，而这种美德往往能够让你找到快速提升自身的捷径。因为只有发现他人的优点，才能学习他人的优点。

善于学习的人，往往都有一双善于发现的眼睛。他能发现不同的人身上不同的优点和长处，然后去学习这些人身上的优点和长处。在商海中打拼的二十年中，周群飞更是将这种好学、巧学的精神发挥到了极致。

只要是她认识或熟悉的人，都可能成为她学习的对象。她向客户学习，学习客户开拓市场的技巧和战略；她向员工学习，学习员工掌握新技术的方法和渠道；她向竞争对手学习，学习对手压缩成本、提升产品的流程和操作步骤。

一个人，只有不断地向他人学习，只有抱着一颗好学的心去发现他人身上的优点和长处，才能一步步提升自己、完美自己。当你学习到了众人身上的各种优点、长处时，你就成为了一个强大的人。而一个强大的人，是最容易获得成功的。所以，如果你想做一名成功者，就必须让自己尽可能多地去向他人学习。

好学精神是持久的竞争力

周群飞经典心得：

☆　对于企业或者个人都是一样的，都需要通过科学技术的推动来实现公司的可持续发展，提高公司的有力竞争条件。

☆　只有在思考中不断学习，在学习中不断思考，才能够让知识变成力量。

☆　如果没有创新，即使知识再多也不过是模仿，应该以思考为基础去学习，并且要抱有怀疑的态度去求证发问。

什么是竞争力？竞争力是指两者或者多者进行较量而体现出的综合能力。它代表的是一种较量，一种能力的强弱。如何才能成为相互竞争的对象呢？只有综合能力相差不大的情况下才能有所谓的竞争。

王石说过："对一个企业来说，要想持续发展下去，关键还在于保持持续的核心竞争力。"什么又是核心竞争力呢？核心竞争力是由两位教授提出来的，他们分别是普拉哈拉德教授和加里·哈默尔教授。他们指出，核心竞争力即为企业或个人相较于竞争对手而言所具备的竞争优势与核心能力差异。

　　无论是个人还是企业，在这个知识经济时代里，我们只有通过学习提高技术水平，拥有持久的竞争力，才能够与竞争对手相抗衡。对于企业或者个人都是一样的，都需要通过科学技术的推动来实现公司的可持续发展，提高公司的竞争力。

　　那是 2003 年的一天，一家国际级的手机品牌找到了周群飞。当时公司还不到一千号人，客户带着犹豫和怀疑的态度商谈着，但是周群飞并没有怯场，她很是自信地介绍着相关信息。客户这时问："如果你的产品发生了破裂，破裂割到客户或者总裁，你们赔得起吗？"而正是这样的问题让这个本来还很担忧的小女子更加确定要成功。她答应会让客户满意。于是她回到厂里后，便和技术团队在车间里开始了各种实验，一待就是三天三夜。

　　为了得到客户的认可，周群飞将原材料通过离子交换法做着各种实验，通过时间、温度、浓度的不同，来确定最适合加工的参数。通过这些年的学习、钻研和一线生产的多年经验，加上不断的努力与实验，周群飞终于成功了。她达到了客户设置的标准。她很自信地告诉客户，我们的产品从一个特定的高度范围内自由跌落时是不会破碎的，如果超过了特定的高度范围跌落，即使破碎了，也不会伤到人。这次实验成功让周群飞至今还能感受到那种成功的喜悦。即使是现在，她也很骄傲地说："这项技术在当时是没有企业能够做到的，我们是行业内第一个可以达到外商的跌落测试的企业。"

　　正是因为周群飞的不断学习，对于技术的钻研与探究，才让她在面对任何技术问题的时候都很自信。周群飞的好学精神让她企业的技术在整个行业内达到领先水平，这也验证了一句话"工夫不负有心人"。

　　还有一个民族也能够很好地体现"工夫不负有心人"这句话的意义。那就是犹太民族，他们尤为重视知识，相信只有知识能够改变命运，只有拥有足够的知识才能战胜竞争对手，并且他们也做到了一生都在用知识创造自我价值。正因为他们知道在竞争中要靠知识来战胜对手，所以他们非常注重对下一代进行培养，他们要培养的是能够创造未来，并且实现犹太人梦想的下一代。

为了能够培养出具有竞争力的下一代，犹太人会让小孩子学习记忆。犹太儿童一般从一岁半开始就会有意识地接受记忆训练了，到了三四岁时，他们就开始在学堂里学习。他们崇尚知识的力量，让孩子们从小就懂得知识具有强大的竞争力，所以犹太人特别重视孩子们对学习的兴趣。当每一个新生刚刚步入学堂时，大家都会以热烈的掌声表示欢迎，要让新的同学感到学习是快乐的，让他们在学堂快乐的氛围里更好地接受知识的熏陶。他们会告诉每一个孩子：世界上没有任何一个所谓正确的答案，无论什么事情都不要拘泥于一个想法，从不同的角度会分析出不同的答案，只有这样你才能够拥有比竞争对手更强大的思想和作为。与此同时，记忆训练是不会停止的，每个孩子到了四五岁时，都要记住全部的《旧约》。这样既可以锻炼他们的记忆能力，也能够从中得到很多知识。他们的学习态度和持之以恒的精神是没有任何一个民族可以与之抗衡的，也正因为这样一种持久的学习精神，让他们成就了辉煌的犹太历史，让他们在商界具有强大的竞争力。

这是一个民族的力量，一个对知识充满渴望的民族必定也会是一个伟大的民族。国外有一位作家曾写道："犹太人家庭在学问方面应受到高度评价，在这方面非犹太人的家庭相形见绌。这个因素构成了其他一切差异的基础。"联合国教科文组织曾调查过，在以犹太人为主的以色列，14 岁以上的人平均每月读一本书，平均每 4 个人就有一个图书证。从这个调查可以看出，犹太人对于教育的执着追求。他们虽然重视一个人知识的多少，更重视一个人的才能。他们崇尚创新精神，他们认为如果没有创新，即使知识再多也不过是模仿，应该以思考为基础去学习，并且要抱有怀疑的态度去求证发问。

　　这也是为什么即使是经济大国的美国，也对犹太人赞美不已。直到现在，美国人还在说："美国的钱装在犹太人的口袋中。"这足以说明知识的力量，当别人比你早迈一步，你就要一直追赶着，这也是为什么犹太人口虽占全球总人口的 0.2%，但是犹太人获诺贝尔奖的人数却占总人数的 22%。孔子曰："学而不思则罔，思而不学则殆。"学习而不思考，会越学越糊涂，思考而不学习，则会无所得。只有在思考中不断学习，在学习中不断思考，才能够让知识变成力量。

　　无论是一个民族还是一个企业，无论是集体还是个人，都应该用思考与知识相结合的力量去创造未来，只有知识可以改变未来，也只有拥有好学精神，才能拥有持久的竞争力。

第八章

▼
▼

你不"理财"，
财不理你

　　我们从成年后就要开始独立，而独立后首先要学习的就是理财，只有会理财，你才能够合理分配财产。美国投资家沃伦·爱德华·巴菲特曾说过："一个人一生能积累多少钱，不是取决于他能够赚多少钱，而是取决于他如何投资理财，人找钱不如钱找钱，要知道让钱为你工作，而不是你为钱工作。"所以你要先去"理财"，财才会理你。而这个"财"，不仅仅指金钱，还指人生的事业。

埋头拉车时还应抬头看路

周群飞经典心得：

☆ 你不能因为看到别人怎样你就应该是怎样的，谁也不能成为你的影子，只有自己才是自己的镜子。拿别人做自己的镜子是不可取的，即使你是天才，也会让自己以为是个傻瓜。

☆ 不要跟随别人的脚步，也不要看别人如何，没有人可以让你复制他的人生，也没有人可以复制你的人生。

☆ 即使前方的道路没有一盏为你点亮的明灯，你也要靠自己的智慧和意志摸索出正确的方向，只要坚持下去，终点就是成功。

卢梭曾说过："当我们只遇到逆风行舟的时候，我们调整航向迂回行驶就可以了；但是，当海面上波涛汹涌，而我们想停在原地的时候，那就要抛锚。当心啊，年轻的舵手，别让你的缆绳松了，别让你的船锚动摇，不要在你没有发觉以前，船就漂走了。"无论是生活还是学习，都不能一味地只懂得去做，而不去思考。因为在没有到达彼岸时，谁也不知道这段路程是不是一帆风顺的，你只能在航行中不断摸索，不断找寻正确的方向。一旦你处于岔路口时，只要一个不小心你就会和成功之路相差甚远，所以一定要在不断前行的同时，不断地观察和思考。

爱因斯坦说过："成功＝艰苦的劳动＋正确的方法＋少说空话。"并不是一味地前行才是正确的方式，而是要通过不断思考并努力前进来到达成功的终点。对于周群飞来说，如果当初面临"皇亲国戚"的排挤时，她还是一味地坚持，即便她最终也能成功，但是这段成功的路会更加艰难；如果当初她没有大胆地尝试，也就没有她对技术的研究和实践；如果当初她没有在困难时想到将客户介绍给大的厂家，那么她此时也不一定能如此成功。

所以，在不断前行的过程中，一定要适当地停下来看一看，这条路是否是正确的，如果是错误的，尽早发现也会提前得到弥补。每个人的人生都是一段不一样的旅程，你不可能完全按照别人的路去走，也不要一味地跟随别人的脚步去走自己的路。即使你和别人走了一样的路，那也不会成为你的人生之路。

关于这一点，周群飞的偶像爱因斯坦的故事就是最好的证明。

爱因斯坦十几岁的时候很调皮，总是和一些调皮捣蛋的孩子一起玩耍，学习成绩也很糟糕。周末到了，他们约好要一起钓鱼。于是一大早爱因斯坦就洗漱好出门了。父亲起床时发现爱因斯坦早已出门，于是便来到他们钓鱼的地方，父亲叫住了爱因斯坦并心平气和地对他说："爱因斯坦，你每天都想着如何玩耍，学习成绩也很糟糕，我和你母亲真的很为你的前途担忧。"爱因斯坦很是不解地说："有什么可担心的，我的小伙伴们学习都不好，他们也都没有及格，不还是一样在这边玩耍吗？""孩子，每个人都是不同的，你不能这样去想。在我小的时候，流传着这样一个寓言故事，我希望讲给你听听。"

父亲耐心地给爱因斯坦讲了一个小故事："一天早上，两只猫在屋顶上玩耍，由于屋顶很陡，它们一不小心便掉进了烟囱里。当然你知道的，烟囱里都是黑色的烟灰。当它们爬出来后，一只猫的脸上沾满了烟灰，而另一只猫的脸上却干干净净的。干净的猫看到小伙伴满脸黑灰的脸，以为自己的脸也是又脏又丑的，便快速跑到河边去洗脸。而它的伙伴看到它脸上是干净的，便大摇大摆地到街上去闲逛。它并没有意识到自己的不同。孩子，你不能因为看到别人怎样你就应该是怎样的，谁也不能成为你的影子，只有自己才是自己的镜子。拿别人做自己的镜子是不可取的，即使你是天才，也会让自己以为是个傻瓜。"爱因斯坦听了父亲的故事，羞愧地放下渔竿，回到自己的小屋里。

这个故事告诉我们，不要跟随别人的脚步，也不要看别人如何，没有人可以让你复制他的人生，也没有人可以复制你的人生。人生是不可复制的，所以你也要做独一无二的人，这样才能够成为你自己的主人。

为什么周群飞可以成功？小时候她受到父亲的影响，渴求知识，深深知道知识可以改变命运，并树立比同龄人更远大的目标，这是其一；她吃苦耐劳，学习刻苦，善于思考，虽然因为家庭情况和父亲身体不便的原因她无法完成学业，但是她从没有放弃学习的机会，为了能够上夜校，她到大学附近找工作，就是为了方便学习，这是其二；她对技术的钻研与探索，有着执着和不耻下问的精神，虽然学习条件有限，但她为了能够学习更多技能，便向朋友借了相关技术书籍，孜孜不倦地学习，这是其三；她知道自己的路一定是按照自己的方式去走，不复制，不雷同，用技术征服客户，用执着征服技术，用知识征服命运，这是其四。所以，周群飞成功了，她在这条独一无二的艰辛道路上取得了成功。

　　每个人的每条路都是不同的，所以每个人在走每一步的时候都非常艰辛。因为与别人的路不同，所以你就必须在这条路上稳步前进。不能操之过急，在艰苦奋斗、埋头苦干的同时也要停下来检测一下自己是否走在正确的道路上。因为没有人和你同路，你注定在这条道路上独行，所以要谨慎前行，不断摸索。

　　无论是马云、史玉柱、俞敏洪、李开复还是周群飞，甚至更多的我们熟识熟知的名人，他们都是从自己的道路上不断探索着走到了终点。他们每个人的人生经历都是各不相同的，他们每个人都有着对人生和事业不同的看法与态度，但是他们都有钻研、探索、坚持、永不放弃的精神与态度。他们不走寻常路，从不追随他人脚步。

　　每个人的一生都有着独特的人生经历，所以不要复制别人的经历，要走出自己独特的未来。即使前方的道路没有一盏为你点亮的明灯，你也要靠自己的智慧和意志摸索出正确的方向，只要坚持下去，终点就是成功。

要让别人替自己挣钱

周群飞经典心得：

☆无论是大企业还是小作坊，如果想要成功就一定要有让别人替自己挣钱的头脑。

☆一个真正的成功者，不是凡事亲力亲为去挣钱的人，而是懂得如何借助他人的力量来为自己赚钱的人。

马云说过："人不是万能的，善借，就是善于寻找合适的合作伙伴，组合各方的优势，让彼此都能得到实惠。"无论是大企业还是小作坊，如果想要成功就一定要有让别人替自己挣钱的头脑。

2000年，周群飞通过努力，终于使自己费尽心血的小作坊站稳了脚跟，并且开始有了不错的发展前景。这一年，随着手机行业的迅速发展壮大，对于手机视窗玻璃的需求量不断增加。周群飞通过朋友得到了能够帮助世界知名手机企业加工手机视窗玻璃的机会，这对于周群飞来说无疑是个好消息。

但是周群飞又深知自己的小作坊是没有办法接大客户的单子的，毕竟自己的作坊并没有那么多机器和人员。但是为了能够将这个有发展前景的项目做大，她想了很久，如何能够在接单的情况下还能够满足客户的其他大量需求呢？后来，周群飞决定将客户介绍给自己的竞争对手，也正是这样的做法留住了很多大客户，使她手中的手机视窗玻璃的订单也越来越多。

虽然周群飞的做法看似很吃亏，但是也正因为这样的做法，不仅留住了客户，也满足了客户需求，为今后更多合作需求奠定了基础。更为重要的是，在赢得客户信任和欣赏的同时，也加深了自己和竞争对手之间的合作。

为什么有人看起来每天无所事事却依然财源滚滚，有人整天忙碌却始终挣扎在温饱线上？

马云的阿里巴巴、淘宝，哪一个不是让别人替他赚钱的呢！马云的"十八罗汉"，每一个人都是从最初的艰难创业时期一直追随着马云。我们不得不佩服马云的感召力，这不仅仅是用金钱就能够做到的。

1999年2月，在一个叫湖畔花园的小区，十八个人聚在一起开了一个动员大会。屋里只有一个破旧沙发，算是唯一家具。大部分人只能席地而坐，马云坐在中间，整整两个小时，他们就决定和马云一起开创未来，虽然未来是什么样子大家无法预料，但是马云的感召力是大家所共识的。

马云以50万元人民币开发阿里巴巴网站，但是前期并不理想，他们为了节省开支，只能吃泡面，电话也舍不得用，因为交不起电话费，工资就更不用说了。但是这个团队没有一个人选择离开，他们艰苦奋斗。他们跟着马云在无数个日夜中拼搏、苦想。就这样，他们成了成就马云的功臣。

随着阿里巴巴的不断发展壮大，"十八罗汉"的好日子终于到来了。阿里巴巴开始盈利，然后一发不可收拾。当阿里巴巴成功之时，马云将阿里巴巴交由别人管理，自己又去弄淘宝。一步一步，从最初的海博翻译社，到后来的阿里巴巴，再到淘宝，再到之后成为中国首富，马云虽然也在做决策，但是大多时候还是由高管们死心塌地为他赚钱，为他拼搏。

一个真正的成功者，不是凡事亲力亲为去挣钱的人，而是懂得如何借助他人的力量来为自己赚钱的人。自己能够赚钱是本事，能够让别人替你挣钱那才是能力。

你局布好了，
别人抢着
给你送钱

周群飞经典心得：

☆ 作为女人，更应该为自己的人生好好规划、布局，女人的青春最为短暂，所以更要在短暂的青春中做自己命运的设计师，谱写一段光辉的青春历程。

☆ 人啊，前半生多经历，后半生则多阅历，前半生多磨难，后半生则多机遇。

☆ 人的一生，总是要经过重重磨难的洗礼，然后激发出我们的潜力，能够在磨难中经过洗礼，用智慧破解磨难、巧妙布局的人，最终肯定是收获胜利的成功者。

世界著名短距离游泳运动员贝尔纳曾说过："良好的方法能使我们更好地发挥天赋的才能，而拙劣的方法则可能妨碍才能的发挥。"人生短短数十年，即使活到百岁有余，也不过转瞬即逝。我们真正能够利用的时间有多少呢？除去蹒跚学步与年少懵懂时期，我们也不过只有三四十年的时间来利用。这足以表明生命对我们来说是多么的宝贵，我们只有不断努力，充分利用上天赐予我们的每一分每一秒宝贵的时间。时间有限，岁月无痕，我们只有用智慧来弥补这短暂的生命。

马云说过："阿里巴巴在路上发现小金子，如果不断捡起来，身上装满的时候就会走不动，永远到不了金矿的山顶；还是不管小金子直奔山顶。"马云选择将一切都布局好，以最快的速度到达山顶占有整座金矿，而不是拾捡道路上的小金子。当你布好局后，自然会有人将财富主动送上。每个人的成功之道都是不同的，要想更快地到达山顶，你就要懂得如何取舍，如何快速取得你想要的结果。

如何来取舍和布局呢？牛根生说过："野蛮社会，体力可以统御财力和智力；资本社会，财力可以雇佣体力和智力；信息社会，智力可以整合财力和体力。"所以当我们处于信息社会时，我们就要用智力来布局一切。

作为女人，更应该为自己的人生好好规划、布局，女人的青春最为短暂，所以更要在短暂的青春中做自己命运的设计师，谱写一段光辉的青春历程。周群飞，是一个用智慧和人格魅力来创造价值的女人。如果将她比作一种植物，那么她会是向日葵，永远都追随着太阳的光环。因为家庭环境的原因，周群飞从小就比同龄孩子懂事得多，思想上也比同龄孩子成熟许多。从懂事起周群飞就对自己的人生有了规划，无论是学习还是工作，她都将自己的人生规划埋藏在心底，不断地努力。她深知学习可以改变命运，所以她要努力学习。工作后，她努力学习，刻苦钻研技术。直到有一天厂长的离开，要关闭工厂，迫使周群飞又重新规划了自己的人生轨道。周群飞主动请求给她一次机会，让她试一试。周群飞相信自己有能力能够让工厂转危为安。这一切的一切，在这个小女子的坚毅个性下顺势而行，终于工夫不负有心人，她迎来了胜利的曙光。

周群飞用她的智慧不但让工厂起死回生，也让数十名即将没有工作的员工可以继续工作，更是让工厂从入不敷出变成日进斗金。这是智慧的力量，更是一个完美的布局。人啊，前半生多经历，后半生则多阅历，前半生多磨难，后半生则多机遇。人的一生，总是要经过重重磨难的洗礼，然后激发出我们的潜力，能够在磨难中经过洗礼，用智慧破解磨难、巧妙布局的人，最终肯定是收获胜利的成功者。

梁凤仪是周群飞非常喜欢的一位作家，也是周群飞非常敬重的一位企业家。她之所以能受到周群飞的敬仰和尊重，是因为她是一个用有限生命来完美诠释何为女人本色的女人，她是一个能够创造童话般故事的女人，她更是一个懂得用智慧来布局人生的女人。她出生在殷实人家，但家道中落。虽然苦难的降临让她苦不堪言，但是她凭借自己的坚强意志和智慧最终成为商界强人和畅销书作家。她一度计划着如何能够从困苦中解脱，如何用智慧掌控人生。她曾说过："从很小开始，我就知道且熟悉比赛中失败了，还是要继续参赛下去的。"最终，她凭借着智慧和独到的眼光，发现菲佣在中国香港有着巨大的市场需求。经过努力，她成为将菲佣引入中国香港的第一人。

梁凤仪说过："女人要知道自己的生命的主人是谁，这一点很重要。"她是一个懂得如何布局人生的女人，更是懂得如何掌控命运的人。她曾说过："我现在有三个身份：家庭主妇、商人和作家。在今后十年，无论在什么情况下，我都首先选择商人的身份。作为作家，我有兴趣、有时间就写，没兴趣、没时间就可以不写。但商人不一样，特别是公司上市以后，公司就不只是自己拥有，还有公众拥有，要对股东负责，不能想做就做，不想做就不做。"从梁凤仪对于自己身份的定位来看，她就注定是一名成功的商人和作家。当你将人生合理布局好后，并付出努力，坚持不懈，那么财富和名利就会成为你的囊中之物。

　　人生的成败与规划是密切联系的，无论是周群飞、梁凤仪还是其他成功者，他们都对自己的人生有过合理的规划和布局。所以，当你拥有梦想时，请规划好自己的人生，布局好每一个阶段，让智慧整合财力和体力。只有布局好了，别人才会抢着给你送钱。

放眼长远，
切忌
竭泽而渔

周群飞经典心得：

☆ 一个人的眼光决定了他未来的发展方向，也决定了这个人的成败。

☆ 我们在做任何事情时一定要考虑全局，不可因为一己私欲而打乱了我们所做的长远打算。

18 世纪英国哲学家休谟在《人性论》中写道：野心、贪婪、自爱、虚荣、优异、慷慨、公共精神，这些在不同程度上掺杂在一起而遍布社会的情感，自有史以来一直是所有行动和事业的动因，它们已为人类所注视。虽然，这些是人类的公共精神，但是我们并不是要共同拥有所有，尤为贪婪不可取。李小龙说过："贪婪的人无法掩盖他自己丑恶的面目，他的身体是透光的，他生活在戏剧化的人生里，结果使自己陷于不能自拔的深渊。"贪婪是人性中最丑恶的面孔，对生活和事业的影响最大。

现代社会中，物质的需求和人们对生活的不满足导致很多人对于"贪婪"

这个词视而不见。越来越多的人"成也贪婪，败也贪婪"，贪婪带给我们的是短暂的得到，同时也让我们失去了很多。

而纵观周群飞的种种事迹，我们会发现这个充满智慧和才华的女强人，无论是对客户、竞争对手还是员工，都心存善心，放眼长远。就像她自己所说的，贪婪是人的秉性，但也是成功者的大忌。尤其是对于追求事业成功的人来说，太过贪婪，就会丧失掉很多底线，泯灭掉很多原则和善心，在这种心态下追求的任何成功，都不可能是长久的。

所以，周群飞对待客户，会尽可能地和客户分享利润，给客户最大的优惠。这样虽然看起来赚的利润少了，但是却赢得了客户的好感，为企业赢得了更多的客户和合作商。

而对待员工，周群飞也尽量提升员工的工资报酬和福利水平，以让员工能体会到公司的关怀，把企业当成自己的家。周群飞从来不会压榨和克扣员工的工资，因为她始终坚信，只有大家好才是真的好。损人不利己、竭泽而渔的事情，对自己没有任何益处，所以坚决不能做。

正因为周群飞豁达的心胸，不为眼前的得失而斤斤计较的情怀，让她拥有了更多的市场和优势。一个人当你过于计较得失的时候，往往你失去的要比你得到的更多。所以，我们一定要明白，一个人的眼光决定了他未来的发展方向，也决定了这个人的成败。

从前，有个位于四川西部的国家——蜀国，这个国家土地肥沃、物产丰富。离蜀国不远的秦国，早就想将这块"大蛋糕"据为己有。可是通往蜀国的道路异常艰险，如果一不小心就跌入万丈深渊，摔个粉身碎骨。正因为这个原因，所以大军不敢轻易上前，即使秦国早已盯着这块"蛋糕"，也只能垂涎三尺地看着。

　　蜀国的国君是一个生性贪婪的人，他总是让士兵抢夺、搜刮民间财富来满足自己对金钱的贪婪。这种欲望使得他为了达到目的可以烧杀抢掠，不惜一切代价也要得到。这使得蜀国民不聊生，百姓每天生活在担惊受怕之中。秦王一直很想找到契机可以攻打蜀国，便派人去探听消息。从派去的探子口中，他得知蜀王的性情如此不堪，很是高兴，认为这是一个很好的可乘之机。他冥思苦想了很久，终于想到了一条堪称完美的计策。

　　他叫工匠打造雕刻了一头巨大的石牛，并在石牛的屁股后边放上好多金银绸缎，然后让探子放出消息说这头石牛会下金子。蜀国的探子听说了这个消息后，便将这个消息报告给蜀王，蜀王听了很是羡慕，心里嫉妒不已，默默地念叨着：要是我有这样的石牛就好了，这样我就可以每天看着它下金子，那样该是多么幸福的事情啊！正当蜀王想怎样得到这个石牛的时候，秦国的使者来了，并且传达了秦王的诚意，想将会下金子的石牛送予蜀王，以表友好之意。蜀王听了大喜过望，便迫不及待地想见到这个神奇的石牛，但是使者却说石牛的身形巨大，要是从秦国运送到蜀国恐怕很不方便。蜀王一听，便急了，忙说："这没有什么不方便的，贵国国君既然这么有诚意，我也不好拒绝，如果能够将石牛运往我国，哪会不方便呢，你回去转达我的意思请你们国君放心好了。"虽然有很多大臣反对，但是蜀王的贪欲让他执意如此，大臣们也无力反驳。于是，蜀王在国内集结了大量的民工，将悬崖打通，将深谷夷为平地，这一切当然是为了能够运送这头巨大的石牛。

　　可是蜀王哪里料想到，秦王早已让军队紧随石牛后面，当石牛到达蜀国时，秦国的军队也已到达，一举灭掉了蜀国。

　　只因蜀王的贪婪、对百姓的残酷剥削，让秦王有机可乘，又因蜀王只顾眼前利益，不听劝阻，最终导致了国家的灭亡。人性本是贪婪的，但是凡事应该取之有道，用之有度，切不可贪小便宜吃大亏。

做事情要有度，切不可为了芝麻丢了西瓜。暂时的失去不一定是吃亏，暂时的得到也不一定是幸运。人们常说："失之必得。"所以，不要在意得失成败，尽力去做，用心去做，一定会有意外之喜。

如果周群飞在接到大客户而无法满足客户其他需求的情况下，没有将客户介绍给自己的竞争对手，如果马云虽然知道海博翻译社是个有发展前景的公司，但因连年亏损而没有坚持到底，那么这一切的一切都将成为一个创业者的失败史。

明末清初的史学家、思想家黄宗羲说过："大丈夫行事，论是非，不论利害；论顺逆，不论成败；论万世，不论一生。"当我们做一件事情的时候，一定要将眼光放长远，切勿只看重眼前的得失。

我们在做任何事情时一定要考虑全局，不可因为一己私欲而打乱了我们所做的长远打算。俗话说："不谋全局者不足以谋一域，不谋万世者不足以谋一时。"要想成功，你就要能深谋远虑，切不可因一时得失，竭泽而渔，从而导致失去成功的良机。

第九章

▼
▼

艰辛和决心都是财富

对于一个人来讲，什么才是真正的财富？在我看来，外在所有的一切物质财富都不算真正的财富。真正的财富，必定是一切外在力量都夺不走，撼动不了的。

换句话说，真正的财富，是一个人的内在财富、精神力量。从这个角度上说，艰辛和决心都是财富。一个人所经历过的艰辛会成为他创业路上的宝贵经验，一个人做事的决心会成为其创业路上最强大的力量之源。拥有了艰辛的经历与矢志不渝的决心，任何一个人都可以创造出无价的财富。

吃苦耐劳是一种优秀品质

周群飞经典心得：

☆ 吃苦耐劳是一种优秀的品质，只有真正能够吃得下苦的人，才是真正能够静下心来做好事情的人，而只有真正能够静下心来去做好每一件事情的人，才可能取得让世人震惊的成绩。

☆ 当你付出了努力，吃过了常人没有吃过的苦，受过了常人没有受过的累，走过了常人没有走过的坎坷，还是不能成功，这才叫真的不公平。

☆ 不经冬寒，不知春暖。美国作家费兹杰罗也说："每一个英雄的背后都隐藏着一段悲剧。"成功和荣誉从来不是唾手可得的，也从来不是可以随随便便就能垂青于某个人的。

人们都有过看戏的经历，那些知名的戏剧演员们，往往能够在举手投足间将经典演绎得淋漓尽致，细微入骨。然而这台上十几分钟的精彩演绎，或许正是他们几十年勤学苦练的结果。

"台上十分钟，台下十年功"，一句简单的话，却包含了多少人生智慧！

观察我们周围，但凡那些有所成就的人，莫不是那些吃得苦、受得累、经得起折腾、耐得住寂寞的人。韬光养晦，才能一鸣惊人。

吃苦耐劳是一种优秀的品质，只有真正能够吃得下苦的人，才是真正能够静下心来做好事情的人，而只有真正能够静下心来去做好每一件事情的人，才可能取得让世人震惊的成绩。

2015 年 3 月，蓝思科技在创业板挂牌上市，上市首日其发行价便由 22.99 元 / 股暴涨至 33.11 元 / 股，随后 8 个交易日内，连续出现 "一" 字涨停，股价迅速飙升至 70.98 元 / 股。

其后短短 3 个月内，蓝思科技股价最高涨到 151 元，比最初的发行价涨了 6 倍，总市值超过 900 亿。持有蓝思科技最大股份的周群飞成为内地新晋女首富。

面对周群飞的成功，有人或许会惊叹，有人或许会羡慕，有人或许会愤愤不平，暗暗抱怨这个世界的不公平：为什么有些人可以轻易获得巨大的成功，而自己却注定默默无闻？

其实公平还是不公平，不是上天说了算的，也不是由旁人说了算的，而是由你自己决定的。当你付出了努力，吃过了常人没有吃过的苦，受过了常人没有受过的累，走过了常人没有走过的坎坷，还是不能成功，这才叫真的不公平。但这种情况有吗？很少。因为只有那些能够吃得苦中苦的人，才能够成为人上人。

就像周群飞，从年纪轻轻就挑起生活的重担，到进入工厂打工到担起整个工厂的管理工作的大梁，再到创业时经历过的挫折与磨难，她短短十几年的创业历程中，必定不可能是一帆风顺的，必定遭遇了常人无法想象的困难和挫折。但，面对这些，周群飞没有被打倒，也没有被困难和挫折吓住，与之相反，她拿出了破釜沉舟的决心与勇气，与生活的苦难抗衡，与命运的捉弄较量。最终，她成功了，她冲破了生活设下的种种障碍，大步踏进了强者的行列。

有人曾问过这样一个问题："什么东西大家都不愿意吃？"答案有两个：吃亏和吃苦。的确，不管是吃亏还是吃苦，都会让人觉得不舒服，所以没有人喜欢它们。可是，我们又要知道，那些成功者往往是因为愿意吃苦、愿意吃亏，才能比别人拥有更多的机会。

一个成功人士讲了他年轻时的一个故事：

大学毕业的时候，学校给我们分配工作。当时，我们面临两个选择：一个选择是去那些相对比较轻松的岗位，待遇不高，没有实习工资；一个选择是去那些比较苦的岗位，很苦很苦，但是有实习工资。很多同学因为怕吃苦而选择了去轻松的岗位实习，而我却主动向老师要求去最苦、最难的岗位。

三个月的实习期是让人崩溃的。寒冷的冬天，我上夜班，手伸出来骨头都冻得疼，但我却需要将厂里所有的机器擦洗干净。冰冷的水刺进骨头缝里，我的手仿佛都不是自己的了，就连皮手套都被泡烂了好几副。面对这种艰难的处境，我没有退缩，反而咬牙坚持了下来。

三个月实习期过后，公司第一个就留下了我，而我的工资也成了那一届毕业生中最高的。反观那些因为怕吃苦留在清闲岗位上的同学们呢？三个月的实习期未到，他们就统统被淘汰了。

时至今日，我拥有了自己的公司，还有贤惠的妻子和可爱的儿子，生活幸福而美满。我最想感谢的就是当初那段艰难的岁月，是那段艰难的岁月磨炼了我，让我可以坦然面对任何苦难，让我可以经受住任何苦和累。这都是我今后创业过程中最宝贵的财富！

这是一个发生在我们身边的真实故事。这样的故事，让我们再一次明白了一个道理——要想人前显贵，就得背后受罪。没有一段"受罪"的经历，你就无法练就淡然处世的心境，就无法拥有一颗百折不挠的金刚心，而这些恰恰是一个成功者必备的素质。

不经冬寒，不知春暖。美国作家费兹杰罗也说："每一个英雄的背后都隐藏着一段悲剧。"成功和荣誉从来不是唾手可得的，也从来不是可以随随便便就能垂青于某个人的。想要成功，想要获得世人无法企及的成就，就必须要比别人付出更多的努力。

吃苦耐劳是一种宝贵的品质。拥有这种品质的人往往可以笑着面对生活中的一切风浪，也更容易赢得机会与成功。

决心的大小决定成就的高低

周群飞经典心得：

☆ 一个人能否获得成功，不是由任何外力决定的，而是由自己内在的动机与愿望决定的。

☆ 这个世界上从来就不缺乏梦想家，也从来不缺乏有能力的人，但可惜的是，有梦想、有能力的人不一定能够取得成功。相反，能够取得成功的，往往是那些矢志不渝，能够将一个梦想坚持到底的人。

曾经有一句话这样说："如果你有自己系鞋带的能力，就有上天摘星星的机会。"这句话用形象生动的语言说明了一个浅显的道理：一个人能否获得成功，不是由任何外力决定的，而是由自己内在的动机与愿望决定的。你想要成功，你的内心就会源源不断地萌生出追求成功的动力；你害怕失败，你就会裹足不前，不敢尝试，最终碌碌无为。

也许有人会说："我也想取得成就，我也想一鸣惊人啊，但我没有资源，没有贵人相助，拿什么去拼上一把？"

亲爱的朋友，你要这么想，就大错特错了。决定你成就高低的，不是任何外在的因素，而是你决心的大小。因为内心对知识有着强烈的渴望，海伦·凯勒在安妮·莎莉文老师的帮助下，凭借着自身强大的毅力，掌握了英、法、德等五国语言，完成了一系列著作，并致力于关爱残疾人，建立慈善事业，被美国《时代周刊》评选为美国十大英雄偶像之一，荣获"总统自由勋章"；因为内心想要成为一名政治家，亚伯拉罕·林肯战胜了生活与事业上的种种苦难，最终成为美国历史上最优秀的总统之一；因为内心时刻涌动着创造的冲动，J.K. 罗琳始终不曾放弃自己的文学梦想，终于《哈利波特》系列丛书问世，全球热卖，世界为之轰动。

这个世界上从来就不缺乏梦想家，也从来不缺乏有能力的人，但可惜的是，有梦想、有能力的人不一定能够取得成功。相反，能够取得成功的，往往是那些矢志不渝，能够将一个梦想坚持到底的人。

周群飞就是这样一个人。虽然周群飞在很多场合都说过，蓝思科技能走到今天有些出乎她的意料。但作为一个旁观者，我们却可以这样说，蓝思科技能有今天是所有人意料之中的事情。

因为周群飞就是一个不抛弃、不放弃、不达目的不罢休的"女汉子"。这一点在周群飞的人生履历中体现得淋漓尽致：当她所在的玻璃厂遭遇工厂扩建而后停工的时候，当她面临原料供应商迟迟不肯发货的时候，当她面临流言蜚语的时候……她没有放弃自己肩上的责任，也没有因为外界的压力而忘掉自己的初衷。她始终牢记着自己的目标，始终想着一件事——把事业做大。这种对成功的强烈渴望以及想要获得成功的决心，最终成就了周群飞。

蓝思科技上市那天，周群飞带领团队成员去爬山。爬到半山腰的时候，有人想要放弃，而周群飞却坚持让所有人全部都爬到山顶，用她的话说就是：

"当你爬到山腰就折返的时候，我相信你再也没有勇气爬第二次。"周群飞还说起了自己小时候爬山的经历，"小时候去爬山，我不是体力最好的那个，但我是最有韧性的那个。"

"韧性"两字，道出了周群飞身上的一种宝贵品格。这种品格和决心相结合，爆发出了惊人的能量，让一个身材娇小的湘妹子一跃成为中国内地的女首富。

一块石头是成为佛像还是成为踏脚石，在于它能否下定决心接受痛苦的磨砺；一块玻璃是装在手表上还是装在手机上，取决于周群飞到底想要走多远。

决心的大小决定成就的高低，当你想要成功，并矢志不渝向成功迈步的时候，整个世界都会为你让路。

派蒂·麦考米克是奥林匹克运动史上第一位也是唯一一位获得四项跳水冠军的女子选手。

在她第一次参加奥运跳水队的选拔时，因为泳技差了一些没有入选。但她没有放弃，而是抱着一定要入选的态度加强了自己的训练强度：每天跳水一百次，周末也不间断。

最后，她不但顺利入选美国奥运代表队，还蝉联了两届奥运跳水金牌。更让人感到惊奇的是，她第二次参加挪威奥运会的前八个月，才刚刚诞下了第一个孩子。

派蒂成功的秘诀就在于她所拥有的态度："当你拥有梦想，而你真的相信你的梦想时，你就会找到方法！"

从派蒂的成功经历中，我们不难看出，决定一个人成败的最关键因素，就是这个人的决心。当一个人认定自己能够获得成功的时候，就会积极为遇到的困难和问题想办法，当一个人认定自己无法获得成功的时候，就会为自己寻找各种各样的借口。

世上事本无难易之分，把事情分成难易的是人的态度与决心。决心越大，态度越坚决，未来所取得的成就也会越大。

《史记·项羽本纪》有这样一句话："有志者，事竟成，破釜沉舟，百二秦关终属楚。苦心人，天不负，卧薪尝胆，三千越甲可吞吴。"流传千古的名言警句，传达出了一个深刻的道理：只有那些决心足够坚定，志向足够远大的人，才可能最终成就宏图霸业，书写自己的传奇。

坎坷路上坚持到底的勇气

周群飞经典心得：

☆ 成功从来就不是一蹴而就的事情，每一个成功者从默默无闻到举世闻名都需要走过一段寂寞而艰难的路。

☆ 坚持到底是创业者非常可贵的品质，拥有这种品质的创业者才可能认准一件事，深耕细作，等到丰收的那一刻。

成功之路从来就不是一条坦途，这条路上布满了坎坷和荆棘，想要达到成功的彼岸，需要坚持到底的勇气。

说到这里，我们先看这样一个小故事：

一位国王打了败仗，狼狈地躲在一座不易被发现的破茅屋里。当他心灰意冷地躺在茅草上时，他看到了一只蜘蛛正在织网。为了消磨时间，同时也为了观察蜘蛛的反应，国王毁掉了蜘蛛快要完成的网。

蜘蛛没有理会这个国王的破坏举动，再次结了一张新网。国王又一次把网破坏掉了，出乎国王的意料，蜘蛛重新又开始织网。就这样，国王一直将蜘蛛的网挑破了六次，而蜘蛛则重新结了六次网。终于，国王被感动了，而蜘蛛在第七次终于织好了它的网。

看着织好的蛛网，国王想："我被敌人的军队打败了六次便心灰意冷，但这只蜘蛛却能一次又一次坚持织网，我为什么不能再去试一试呢？"

受到鼓舞的国王决定再做一次努力，他重新召集了旧部，组建起新的军队，谨慎而耐心地等待机会。两军交锋的时候，国王身先士卒，战士们英勇杀敌，终于将敌人杀得溃不成军，这位国王也成功收复了失地。

六次失败尚且不能击溃一只小小蜘蛛完成织网的决心，我们又凭什么轻易就对困难屈服？成功从来就不是一蹴而就的事情，每一个成功者从默默无闻到举世闻名都需要走过一段寂寞而艰难的路。在这条路上，强大的内心是支撑他走下去的根本，坚持到底的勇气是促使他不断前行的动力之源。

最早的时候，鹰并没有那弯弯的喙，但它们短小的喙不利于它们捕食，如果它们不谋求出路，就会被饿死。为了寻找食物，鹰开始了自己的蜕变之旅。先是在浅海附近练习捕鱼，当它们把浅海的鱼捕完之后，又开始练习到深海捕鱼。就这样，强大的海风锻炼了它们有力的翅膀，不断地捕捉让它们的喙越来越锋利。最终，它们成为当之无愧的"空中之王"。

周群飞的强者之路与国王、老鹰类似，都曾经历过常人无法想象的挫折和坎坷，都曾陷入过彷徨与迷茫。但所幸，最终，他们都做出了人生正确的选择，故而也都成为各自领域的强者。

周群飞初次担任玻璃厂的管理人员，遭到别人的非议和排挤的时候；当周群飞面临货款收不回来，工厂无法正常生产的时候；当周群飞的蓝思科技出现管理难题，需要面对舆论压力的时候……周群飞就像是一个无畏的战士，一次又一次勇敢地站出来，去收拾一个又一个烂摊子。

在不断收拾烂摊子，不断干掉困难的过程中，一个平平凡凡的湖南妹子正一步步蜕变为一个让世人刮目相看的女企业家。

成功的企业家本就受人瞩目，成功的女企业家更是备受关注。的确，我们不能否认机会对一个人的重要性，但同时，我们更需要明白，一个人的韧性、品格与勇气对其成功的重要作用。

一个不能坚持到底的人，即便是遇到了千载难逢的机会，也可能会因为在中途遇到了挫折而半途而废；一个不能坚持到底的人，即便是拥有雄厚的资源，也只会是让这些资源打了水漂。

博大精深的中国文化中有两句老话："水滴石穿，绳锯木断。"简短的话语，传达了丰富的内涵。只要坚持到底，小水滴尚且能够滴穿巨石，绳子也能将木头锯断。

坚持到底是创业者非常可贵的品质，拥有这种品质的创业者才可能认准一件事，深耕细作，等到丰收的那一刻。

就像马云，认准了互联网这个行业，不管旁人如何议论、如何嘲笑，他就是要坚持自己的互联网事业，最终打造出了影响世界的电子商务帝国阿里巴巴；就像周群飞，认准了手机玻璃这个行业，不管科技攻关如何困难，不管竞争对手如何设置障碍，她都没有放慢自己的脚步，最终成为国内乃至世界最大的手机玻璃供应商。

这个世界上从来就不缺少有能之辈，但却缺乏面对困难依然能坚持下去的人。成功者与失败者最大的差距在哪里？不是差在能力，而是差在了坚持下去的勇气。

没有坚持，曹雪芹很可能因为没有饭吃就放弃继续进行文学创作了，那么我们就不可能看到文学巨著《红楼梦》；没有坚持，蒲松龄很可能因为穷困潦倒就放弃自己的爱好了，那么我们也就不可能看到令人拍案称奇的《聊斋志异》。

不管是文坛巨匠，还是商界精英，成功的路上需要坚持的勇气，还需要能扛住压力、挫折的意志。唯有坚持，才能浇灌出最美的花；也唯有坚持，才能收获最丰硕的果实。

大浪淘沙，剩下来的才是金子

周群飞经典心得：

☆ 蓝思科技的成功是建立在不断超越自我，不断挑战自我的基础上的，是无数手机生产商在众多的手机玻璃供应商中大浪淘沙的结果。

☆ 周群飞成功了，蓝思科技成功了，他们的成功不是建立在空口白话、吹牛皮上，而是建立在一步一个脚印，踏踏实实搞技术，认认真真做攻坚上。

周群飞，一个低调到鲜有人知的女人，却在蓝思科技上市短短几个月后，成为媒体竞相追逐的对象。因为和"苹果概念股"挂钩，蓝思科技的股价从一开始的发行价22.99元／股一路飙升到151元／股，创造了个股上涨奇迹。

蓝思科技的成功绝非偶然，其与苹果概念股挂钩的优势，让其从一上市开始就具备了暴涨的潜力。如今的蓝思已经成为影响许多人进行手机购买计划的重要元素。

2010年7月，iPhone4在全球受到了热捧，而上市当日，苹果公司却发出声明，说白色版本的 iPhone4 需要等到当月的下旬才能进行供货。

当所有人都在纷纷猜测问题出在哪里的时候，一家手机玻璃生产企业进入了众人的视线。这家企业就是周群飞的蓝思科技。

而问题就出在了给白色手机上漆方面，因为苹果公司把白色的 iPhone4 正面触摸屏周围的视窗玻璃也设计成了白色，这就给手机上漆增加了难度，太薄了会透光，太厚了又达不到苹果公司对手机玻璃厚度的要求。加工难度导致了成品合格率的降低，这才出现了苹果公司白色手机延迟上市的事件上演。而蓝思科技正好可以帮助苹果解决这一燃眉之急。

其实，蓝思科技的客户何止是苹果，三星、LG、富士康均和蓝思科技有着密切的合作关系。

2014 年，蓝思科技对苹果的销售收入占到了营收总比的 47.44%，销售额为 68.8 亿元。

作为全球最大的触控功能玻璃面板供应商，蓝思科技占据着全球 50% 以上的市场份额，营收超过了 140 亿元，净利润超 11.8 亿元。

蓝思科技的一夜成名，也让周群飞成为"全球手机玻璃女王"。

世界上生产手机玻璃的企业何止蓝思科技一家，为何独独蓝思科技当仁不让地占据了全球 50% 以上的市场份额呢？

蓝思科技的今天，与周群飞不断创新、对技术的钻研精神是分不开的。面对世界知名手机品牌摩托罗拉的质疑，周群飞没有退缩，而是想尽一切办法进行攻关，研究出了符合摩托罗拉要求的手机玻璃；面对苹果难度系数超高的产品要求，蓝思科技严阵以待，努力生产出最优秀的产品。

这样的态度，这样的技术，蓝思科技不能独占世界手机玻璃面板销售额的半数以上都有些说不过去。

蓝思科技的成功是建立在不断超越自我、不断挑战自我的基础上的，是无数手机生产商在众多的手机玻璃供应商中大浪淘沙的结果。

互联网时代，我们经常会说这样一句话："优胜劣汰，剩者为王。"只有能够在残酷的市场竞争中站稳脚跟的企业，才是具备真材实料的企业；只有能够经得住大浪淘沙的企业，才能在激烈的市场角逐中始终屹立不倒。

蓝思科技是一个家族企业，在这家企业中，周群飞持股近九成，其丈夫郑俊龙持股 1.26%，姐姐周艺辉、哥哥周新林则分别持有 20 万股，嫂子蒋卫平与外甥陈云华分别持有 10 万股。

蓝思科技在 2015 年 3 月 18 日上市，周群飞说："之所以选择这一天上市，是因为这个日子对我、对蓝思有着特殊的意义。22 年前的今天，我和 8 个家人正式开始创业历程。"

22 年的打拼一朝功成，22 年的辛苦一朝结果，22 年的风雨洗礼，大浪淘沙，蓝思科技最终成为世界手机玻璃行业的佼佼者。

对于大多女性来说，周群飞的成就是可望而不可即的；作为一个企业家而言，周群飞的能力也是让众多人翘首称赞的。

周群飞成功了，蓝思科技成功了，他们的成功不是建立在空口白话、吹牛皮上，而是建立在一步一个脚印，踏踏实实搞技术，认认真真做攻坚上。

大浪淘沙，剩下来的才是强者。那么，在大浪来袭之时，如何保证自己能够经得住考验呢？美国哲学家詹姆斯说："你应该每一两天做一些你不想做的事。"这是一个人不断磨炼自己、提升自己韧性的绝佳途径。"每天做点不想做的事"就是逼着自己不断地去面对挑战，在不断面对挑战的过程中，你的能力会获得飞速提升，这一切都是保证你拥有绝对竞争力的资本。

天下没有免费的午餐，世界上也没有无缘无故的成功。你不付出，就想得到回报，那是痴人说梦。同样，你不历练，就想幸存，几率也很渺茫。

真正的金子，一定是经过了千锤百炼的，而真正的强者也一定是历经风雨、阅尽世情的。只有拥有足够多的经验、足够多的阅历、足够强的心态，才能在竞争之中更有底气。

第十章

▼
▼

有勇气并且不轻
言放弃

　　俗话说："商场如战场。"在这个血腥的战场上，我们需要的是足够
的勇气与永不放弃的精神。莎士比亚曾说过："畏惧敌人徒然沮丧了自己
的勇气，也就是削弱自己的力量，增加敌人的声势，等于让自己的愚蠢攻
击自己。"所以，在面对任何困难时，我们要做的就是用勇气击败对手，
用智慧成就未来，用坚持不懈的精神击垮灵魂的枷锁，守望着成功的到来。

有底气，所以有勇气

周群飞经典心得：

☆ 做人需要底气，做事需要勇气，方可成大器。

☆ 人生，就是由一个个简单的信念组成，最终这些信念成就一个大大的梦想。

什么是底气？它是一个人拥有的信心和力量，它决定着一个人的魄力，而这种魄力是源于一个人的勇气。歌德曾说过："你若失去了财产，你只失去了一点；你若失去了荣誉，你就会丢掉了许多；你若失掉了勇敢，你就会把一切失去。"这足以看出对一个人来说，有底气、有勇气是多么重要。

一个人，有底气，有勇气，则处事雷厉风行；反之，则做事优柔寡断，畏首畏尾。故做人需要底气，做事需要勇气，方可成大器。那一个人的底气又从何而来呢？德行一致，方为第一。底气就是从高尚的人品中来的。当你底气充盈之时，你的勇气则可统领一方，雄霸天下。

1997 年，亚洲金融危机的到来让周群飞本就不景气的家庭作坊维持起来更加艰难，一时间，货款更难追回。到后来，客户直接就将旧设备折价卖给周群飞当货款。可一时间如何将旧的机器处理出去呢？只有翻新再卖，可翻新需要花费很多钱，于是周群飞就去买零件，然后背回来，自己翻新。每一次去买零件的路途都很远，而且仅仅只靠一个双肩包背回来。

周群飞回忆说："有一次，是女儿陪我去的，我大手拉小手就这样背着双肩包去买零件，在回家的路上，说真的，零件真的很重。就在等红绿灯时，我突然感觉背包轻了！我当时吓坏了，我以为背包磨破了，东西掉了。可当我紧张地回头看时，发现女儿正用双手托着背包。那时，我就发誓，我一定要改变现状，让家人过上好日子。"

对于周群飞来说，幸福没有明天，没有昨天，只有今天。

周群飞的底气从何而来？显而易见，来自她身边的亲人。稚嫩的女儿托背包的举动，给予周群飞的不仅仅是一种感动，更是一种信念的支撑。改变现状、让女儿幸福生活的信念，支撑着周群飞走过了一次次艰难的困境，驱使着周群飞趟过了一条条暗流汹涌的河流。

这种信念充实了周群飞的内心，坚定了她对成功的向往，成为她面对困难和挫折时最强大的底气。

人生，就是由一个个简单的信念组成，最终这些信念成就一个大大的梦想。信念是一个人的底气之源，只要一个人的信念不灭，往往就能创造奇迹；只要一个人的信念足够强大，一个人的底气就会足够充实。有底气，所以就有勇气。麦哲伦坚信地球是圆的，由此开启了全新的航海之旅，强大的信念赋予他底气，支撑着他战胜了一次又一次暴风雨的袭击，最终在绕地球一周后，成功回到了故乡；伽利略相信两个铁球会同时落地，所以他自信地站在比萨斜塔上完成了轰动世界的比萨斜塔实验。

提起法国文坛的大仲马、小仲马，文学界可谓是无人不知无人不晓，但是在小仲马未成名的那段时间里，小仲马是怎么过的呢？

最开始进行创作的时候，小仲马寄出去的稿子总是遭到退稿。大仲马在得知儿子的遭遇后，便对他说："如果你在寄稿子的时候，能够在稿子后面附上一句话'我是大仲马的儿子'，情况或许会好很多。"

但是小仲马拒绝了大仲马的好意，而是给自己取了十几个其他姓氏的笔名，以避免编辑们通过他的姓氏联系到自己大名鼎鼎的父亲。

小仲马寄出去的稿子被一次次地退了回来，但小仲马却始终没有沮丧，仍旧矢志不渝地坚持进行创作。终于，有一天，当他根据自己的爱情经历写出一部构思精妙的小说后，深深震撼了一位资深编辑。这位编辑与大仲马关系匪浅，当他看到寄件人的地址同大仲马一样时，甚至怀疑是大仲马另取的笔名。但这部作品却跟大仲马的写作风格迥然不同。怀着疑问和期待，这位编辑造访了大仲马，令他震惊的是，这部作品竟然出自大仲马名不见经传的儿子。编辑大为不解地问小仲马："你为什么不签上你真实的姓名呢？"小仲马平静地说："我只是想拥有真实的高度。"

这部小说就是享誉世界的文学名著《茶花女》。该书出版后，法国文坛的书评家对这本书大加赞誉，一致认为其价值已经远远超越了大仲马的代表作《基督山伯爵》。

作为知名作家的儿子，小仲马本可以借着父亲的名望走得更远，但是他没有。是什么给了他坚持的底气？是什么支撑着他在文学这条道路上一直坚持着呢？很显然，是一种信念，是一种"我不想坐在您的肩膀上摘苹果，那样摘来的苹果没味道"的信念在支撑着他，是一种"我只是想拥有真实的高度"的信念在支撑着他。

　　这种信念，给予了小仲马不达目的誓不罢休的底气，也给了小仲马迎难而上的勇气。

　　底气是一个人成功的基石，当你拥有信念的时候，勇气和底气就会相伴相生。对于文坛巨匠小仲马而言是如此，对于商业女强人周群飞而言也是如此。因为有着信念与梦想做支撑，周群飞用强大的内心战胜了扑面而来的一切困难，用决心和勇气为自己的未来开辟出了一条全新的道路，也为企业的发展开辟出了一片崭新的局面。

只有自己可以依靠

周群飞经典心得：

☆ 人生，其实就是一个简单的信仰，它不同于民族信仰，不同于种族信仰，只是简简单单的一种对内心世界的美好向往。

☆ 依靠别人是自己软弱的一种表现，这种表现会令人失去独立的思考能力和敏锐的观察力。

☆ 借来的火，终究是他人之火，它可以为你点亮一次，之后呢？我们终究要为自己点亮一盏明灯，这盏灯只为自己而燃，只有这样，我们的光亮才是永恒的。

倪萍说过："靠山山倒，靠人人老。靠来靠去你就发现了，最后你靠的是你自己。"只有自己最可靠。别人可以替你做任何事，但是不可能替你走所有的路，所以，人生的路只能自己来完成，谁都替代不了。

人生，其实就是一个简单的信仰，它不同于民族信仰，不同于种族信仰，只是简简单单的一种对内心世界的美好向往。每一个心存美好向往的人都拥有着一颗坚强的心，并且对当下与未来都充满着希望，所以他们不需要依靠任何人。

不依靠他人的人是睿智的，我们要做一个明智的人，因为没有人能够陪伴你一生一世，你要适应孤独，要学会独立完成任何事情。

在现今的社会中，每一个成功者都拥有一份孤独。因为他们从不会用泪水悔恨昨天，他们只会用汗水拼搏今天，成就明天，只因他们相信自己。

一般相信自己的人都是一个独立的人，而一个真正独立的人，是不需要依靠任何人的。他们懂得依靠别人是自己软弱的一种表现，这种表现会令人失去独立的思考能力和敏锐的观察力，所以他们在内心深处就告诉自己要独立，不要依靠任何人。

周群飞小的时候，家庭困难，母亲的离去、父亲的体弱多病让年少的周群飞早早地担起了家庭的责任与重担。她没有任何人可以依靠，她必须坚强。虽然家务与农活让周群飞已经筋疲力尽，但是她仍然没有放弃过学习。

后来，周群飞来到深圳，在深圳大学旁边找了一份手表玻璃加工厂的工作，白天上班，晚上读书。正是这份坚持和毅力，让周群飞不但学到了知识，也学到了技术，更成为今后改变她一生命运的引线。

"有志者，事竟成，破釜沉舟，百二秦关终属楚。苦心人，天不负，卧薪尝胆，三千越甲可吞吴。"生活就是如此，让知识改变命运，让自己主宰命运，靠天靠地不如靠自己。茅盾曾说过："命运，不过是失败者无聊的自慰，不过是怯懦者的解嘲。人们的前途只能靠自己的意志、自己的努力来决定。"每个人都失败过，都怯懦过，都曾有过想放弃、想逃避的时候，但是事情的结果还是要靠自己去解决，没人可以替你做决定。

　　每一个创业者都经历过这样或那样的令自己无法坚持下去的事情，但往往坚持下去的都成功了，坚持不下去的则都失败了。在周群飞的创业历程中，让她最难忘的莫过于与摩托罗拉的合作。对于当时国际知名手机企业的摩托罗拉来说，小小的蓝思科技就像是一只小蚂蚁一样，但是这只小蚂蚁有着巨大的能量。周群飞是一个极其注重细节的女人，无论是个人还是工作。正因为她的这种极度负责的态度，让客户非常满意，这对竞争对手来说无疑是最大的障碍。于是，竞争对手联合供应原料的供应商及其香港代理，拖延给周群飞供应原材料的时间。这件事情不仅仅是原材料的问题，还有订单和准时交货的协议问题等。这下可愁坏了周群飞，此时只有她自己，没有任何人可以帮助她，她多想现在有个人可以依靠，但是没有。最终，周群飞费尽周折筹来资金，更换了原料供应商，及时生产出了产品，将产品准时交付。

　　这件事让周群飞知道，只有自己，必须要靠自己来解决这个问题。虽然问题得到了解决，但是，对周群飞来说最有价值的并不是解决了这个问题，而是让她懂得了：任何事情都要靠自己，不能软弱。从那以后，面对任何问题，周群飞都会低调对待、冷静处理。

　　夏洛克·福尔摩斯说过："这阵风刮来，我们好多人就可能凋谢。但这仍然是上帝的风，风暴过去以后，更加纯洁，更加美好，更加强大的国土将屹立在阳光之下。"

　　人的力量是无穷的，我们的潜力是在挫折中不断被激发出来的。所以，当我们面对挫折时，我们要有耐心等待。对于一个缺乏耐心的世界来说，坚韧而有耐心就是最为宝贵的财富。

　　所以，靠谁不如靠自己。毕竟借来的火，终究是他人之火，它可以为你点亮一次，之后呢？我们终究要为自己点亮一盏明灯，这盏灯只为自己而燃，只有这样，我们的光亮才是永恒的。

困难是你一抬头它就低头了

周群飞经典心得：

☆ 困难只是一个纸老虎，只要你勇于挑战它，它就是脆弱不堪的。

☆ 我们的人生就像是航海之旅，每个人都是舵手。在航行中，我们会经历不同程度的风浪袭击，然而面对这些风浪时，每个人都会有不同的面对方式。其实每一次的风浪袭击都是能够加速你航行的动力，只要你能够控制好航舵，就算它如何猛烈，你也不会偏离航行轨道的。

☆ 我们所面对的很多困难都是迎面而上就能解决的，有时只需要一句话、一个思想、一种态度就可以解决，困难并非想象中那么难解决，态度决定生活。

☆ 困难只在于你的一点点坚持，因为最困难之时，就是我们离成功不远之日。

人的一生时时刻刻都在面对困难，它既是坏事也是好事，它能让人畏缩，也能让人成才。人们常常说，困难是好的，因为困难是成功的基石，是胜利的契机。

每个人对待困难的态度都是不同的，处理方式也是不同的。卡耐基说过："人在身处逆境时，适应环境的能力实在惊人。人可以忍受不幸，也可以战胜不幸，因为人有着惊人的潜力，只要立志发挥它，就一定能渡过难关。"所以，困难只是一个纸老虎，只要你勇于挑战它，它就是脆弱不堪的。

我们的人生就像是航海之旅，每个人都是舵手。在航行中，我们会经历不同程度的风浪袭击，然而面对这些风浪时，每个人都会有不同的面对方式。其实每一次的风浪袭击都是能够加速你航行的动力，只要你能够控制好航舵，就算它如何猛烈，你也不会偏离航行轨道的。所以说，困难其实很脆弱，只要你足够强大，它就会向你低头。我们所面对的很多困难都是迎面而上就能解决的，有时只需要一句话、一个思想、一种态度就可以解决，困难并非想象中那么难解决，态度才是决定困难难易程度的重要因素。

在蓝思科技上市前夕，某些人为了打乱蓝思科技上市的步伐，便在网络上杜撰了一些关于周群飞的八卦故事，在外人看来，这些八卦故事会对周群飞的声誉带来很大的负面影响。但心胸豁达的周群飞非常坦然，她表示自己不会把精力浪费在无聊的解释上，清者自清，谣言止于智者。周群飞的宽广心胸由此可见一斑。

面对这些恶意谣言的进一步扩散，周群飞后来不得不回应，只有一句话："所谓清者自清，身正不怕影子斜。假若当年真是那样，我还用得着这么打拼吗？谣言止于智者。"周群飞相信事实不需要争论，谎言也不需要辩解。

在20多年的创业过程中，周群飞经历了多次坎坷，包括两次把房子卖掉，给员工发工资。她最初从手表玻璃起家，相继创办了11家公司，经历过无数艰辛，体会过金融危机的剧痛，尝到过产业转型的压力和激烈竞争的残酷。

但周群飞从未在困难面前退缩，并成就了今天的事业。

　　一种平和的心态、一种低调的做事风格让周群飞总能从困难中逃脱。这就好像登山，虽然登上山顶的过程异常艰辛，甚至伤痕累累，但是当你爬上山顶时，看到的却是无限风光。每当我们遇到问题时，我们要问问自己，想要的结果是什么？是暂时的轻松还是永久的稳定？这很重要，郑板桥说过："咬定青山不放松，立根原在破岩中。千磨万击还坚劲，任尔东西南北风。"困难只需要你的一点点坚持，因为最困难之时，就是我们离成功不远之日。

　　维也纳著名的生理学家巴雷尼小时候不幸患上了骨结核，因为没有得到良好的治疗，从小便成了残疾。幼小的巴雷尼无法接受这个残酷的现实，这个时候母亲站在他的病床前，拉着他的手说："孩子，妈妈相信你是个坚强的男子汉，妈妈希望你能用自己的双腿，在人生的道路上勇敢地走下去！好吗？"

　　母亲的话极大地触动了巴雷尼，巴雷尼用坚定的眼神告诉母亲，他一定能够战胜自己。

　　从那天起，母亲每天都会抽出一段时间陪着巴雷尼锻炼。一次，母亲重感冒发烧，但她仍然坚持按照计划帮助巴雷尼进行锻炼。母亲的榜样作用，深深影响了巴雷尼。他经受住了命运的残酷打击，发奋学习，最后，以优异的成绩考进了维也纳大学医学院。他下定决心要成为一名优秀的医生，去挽救千千万万个像他这样的残疾孩子。大学毕业后，巴雷尼把全部精力都投入到了耳科神经学的研究。最终，在1914年成为诺贝尔生理学和医学奖的获得者。

　　困难就像是一个纸老虎，只要你坚强起来，它就会不攻自破。战胜困难的过程更像是登山，没有到达山顶，你就不会看到山顶的风景，这是很失败的经历。人生也是如此，当你遇到困难时，刚刚解决一半你就认为自己解决不了，放弃了。那么，下次遇到问题你依然会半途而废。困难就是这样，你强势它就弱势，你不畏惧，它就畏缩。

　　契诃夫说过："困难与折磨对于人来说，是一把打向坯料的锤，打掉的应是脆弱的铁屑，锻成的将是锋利的钢刀。"上天是公平的，它关上你的门时，也会为你敞开一扇窗，没有任何困难是解决不了的。人类的智慧是不可估量的，当你身处逆境时，只要你能勇敢面对它，它就会向你低头。

　　张海迪说过："在人生的道路上，谁都会遇到困难和挫折，就看你能不能战胜它。战胜了，你就是英雄，就是生活的强者。"不要让困难战胜了自己，相信自己，只要坚持，就一定会战胜它。毫无疑问，周群飞深知这个道理，在面对一次次困难、一次次打击时，周群飞都咬牙坚持了下来，最终成就了蓝思科技，也成就了自己，成为了生活中真正的英雄。

世界只给无畏者让路

周群飞经典心得：

☆ 我们往往会找到很多理由证明自己不是一个懦夫，却从来不会用行动去证明自己是一个无所畏惧的人。

☆ 你的人生是一张单程车票，只要选择了就必须走下去，没有回头的机会。

☆ 人生就是一盒混杂的调味料，你不可能将每一种调味料都挑出来，只有它们都混在一起时才是一盒可以做出美味佳肴的调味料。

☆ 只有当你无所畏惧时，你才拥有去竞争的权利，因为世界只给无畏者让路。

我们往往会找到很多理由证明自己不是一个懦夫，却从来不会用行动去证明自己是一个无所畏惧的人。很多时候，问题很简单，行动就会有答案。

但很多时候正因为我们担心的问题太多，才让事情过于复杂，然后会让自己徒增烦恼，考虑的问题太多，这样做事情就会有阻碍。

在朋友眼里周群飞是个"工作狂"，朋友们有时会约好带着孩子一起去游玩，但是周群飞总是"爽约"的那一个。

周群飞在做事情上，有着好学者的谦虚，有着钻研者的执拗，有着"初生牛犊不怕虎"的勇敢无畏，有着小女人的细心。正因为她的这些特点，让她可以无所畏惧地向前。工厂入不敷出她敢"挑大梁"，领导亲戚找麻烦她敢放弃一切另辟蹊径，没钱发工资她敢卖房。

这就是周群飞的人生，没有依靠，没有权势，就这样靠着自己双手创造出辉煌人生。

马克思说过："只有不畏劳苦，沿着陡峭山路攀登的人，才有希望达到光辉的顶点。"世上无难事，只怕有心人。每个人的一生都有不同的选择，有人选择平庸而过，有人选择忙碌一生，有人选择风光无限，有人选择堕落迷茫。但是无论选择哪一条路，你的人生都是一张单程车票，只要选择了就必须走下去，就没有回头的机会。当你明白了这一点，你的人生就会变得简单了。因为当你知道了自己的选择时，你就会接受一切选择带来的后果。

人生就是一盒混杂的调味料，你不可能将每一种调味料都挑出来，只有它们都混在一起时才是一盒可以做出美味佳肴的调味料。所以不要抱怨任何生活中遇到的困境，因为它们都是你生活中的调味品。如何做出美味佳肴，就要看色香味的搭配。其实生活中拼输赢的资本就是勇气、坚忍和信心。但丁曾说过："我崇拜勇气、坚忍和信心，因为它们一直助我应付我在尘世生活中所遇到的困境。"

俗话说："越挫越勇。"我们在经历困难中不断总结经验，慢慢地，我们对于任何困难都会无所畏惧。勇气也是在不断经历和总结的基础上建立的，任何成功者都具有的一种精神就是无所畏惧。

1839 年 7 月 8 日，在纽约州哈得逊河畔的一个小镇上，一个小男孩降生了，他就是约翰·洛克菲勒。约翰·洛克菲勒的一生是个传奇，从小他就表现出了极大的商业才能。16 岁那年，约翰·洛克菲勒放弃了上大学的机会，决定从商。他是一个很有思想的人，为了找到理想的工作，他在克利夫兰的街上跑了几个星期。后来，他找到了一家经营谷物商行的会计办事员一职，那时的工资为每周 4 美元。

他认真负责的态度让老板非常欣赏，做账簿没有丝毫错误，让老板对其刮目相看。后来，洛克菲勒无意中听到了英国会发生饥荒，于是他想到了要囤积粮食，他就自作主张收购了大量的食品。这件事情令老板极为不满，但是没过多久，英国发生饥荒的消息传来了。公司的货物销往外国，获得了巨额利润。一时间，洛克菲勒成了当地人们谈论的焦点，从那以后这个商业天才的脚步就无法停下来了。

1861 年，美国南北战争爆发，他又像之前一样开始囤积战争中必需的货物，在战争打响时，洛克菲勒又赚了一大笔。同时人们也发现了石油，成千上万的人像蚂蚁一样涌入采油区。洛克菲勒并没有和他们一样蜂拥而上，他冷静地考察着，思考着。他懂得如何后发制人。

后来，洛克菲勒发现由于战争的需要，铁路对于石油的需求量是不可估量的，于是他创办了炼油厂，渐渐地洛克菲勒拥有了 50 多家炼油厂，当时他只有 28 岁。

洛克菲勒的父亲曾告诉他："人生只有靠自己，做生意要趁早，只有钱才是最牢靠的。"

如果当时的洛克菲勒上了大学，如果他没有坚持囤积货物，没有"后发制人"的冷静思想，我想他一定拥有的是另外一种人生。人生不仅仅取决于态度，更取决于勇气。

　　洛克菲勒曾说过："命运给予我们的不是失望之酒，而是机会之杯。"我们不要抱怨任何的不公平，因为你没有勇气去挑战不公平，所以你永远也得不到公平。只有当你无所畏惧时，你才拥有去竞争的权利，因为世界只给无畏者让路。

　　成功从来没有捷径，它需要人们一步步去实践、去探索。在这个过程中，我们可能会遇到未知的困难和无法预知的风险。但是这并不能成为我们停滞不前的借口。如果洛克菲勒畏惧了，不敢进行自己的商业投资，这个世界就会缺少一位石油大亨；如果周群飞畏惧了，被竞争对手的刁难吓倒，被企业遇到的种种困境绊住，中国就会缺少一位能力出众的女首富。路是人一步步走出来的，成功的路更是一条一往无前的勇者之路，想要成功，就必须做到勇者无惧。

第十一章

▼
▼

机遇总是垂青那些不断努力的人

生活中，我们常常会对人进行划分，一种是成功者，一种是失败者。只要我们深入地思考一下，就会发现，那些摘取人生桂冠、笑傲人生的成功者，并不是因为他们的人生充满了机遇，而是因为他们一直在不断努力，不断坚持，不断付出，不断超越，最终才得到了机遇的垂青。不断努力，不断坚持，不断付出，不断超越，这才是成功者与失败者的本质区别。

吃得苦、霸得蛮、耐得烦

周群飞经典心得：

☆　霸得蛮，是指具有挑战极限的精神，每当遇到迈不过去的坎，霸蛮精神就会被激发出来，即便粉身碎骨也要迈过这个坎。

☆　能吃常人不肯吃的苦，能干常人不能干的活，能坚持常人不能坚持的事，这就是成功的根源。任何人要想创业成功，要想受到机遇的垂青，首先就得做到打铁还需自身硬。

☆　只有百折不挠，万难不怕，不放过任何发展机会，让自己具备开创新天地的勇气和精神，才能一步步走向成功。

周群飞是土生土长的湖南人，所以在她的性格中，也有着湖南人鲜明的性格印记，这种印记就是湖南人常说的"吃得苦、霸得蛮、耐得烦"的精神。这种精神需要拆开来讲。

吃得苦，是指具有艰苦奋斗的精神，不怕困难和挫折，更不会被困难和挫折吓倒，愈挫愈勇，困难越多，斗争精神越强。

霸得蛮，是指具有挑战极限的精神，每当遇到迈不过去的坎，霸蛮精神就会被激发出来，即便粉身碎骨也要迈过这个坎。霸蛮是湖南人常用的一个口头语，比如说，小孩子吃米饭，吃到一半说吃不了了，家长就会说："你霸蛮都要吃完啊。"市民参加两万米马拉松比赛，在离终点还有一千米的时候实在跑不动了，周围加油的人便会大喊："你霸蛮都要跑完啊。"

耐得烦，是指具有锲而不舍的精神，战斗一旦打响，就不会中途放弃，今天打不赢，明天再打，明天还打不赢，后天接着打，直到打赢为止。

而周群飞则将这种精神发挥得淋漓尽致。

对于吃苦这方面，在前面我们已经说了很多，在这里我们就不再重复了。

这里我们再说说2003年时周群飞和摩托罗拉之间的故事。虽然前面我们也说过她和摩托罗拉的合作过程，但只是一笔带过。这里所说的细节性的故事，更能体现出她身上吃得苦、霸得蛮、耐得烦的精神。

当摩托罗拉开始和周群飞洽谈合作事宜时，摩托罗拉的一位工程师不留情面地问周群飞："你把玻璃应用到手机上，如果这产品破了，玻璃割到我们的总统、割到哪个明星，你们赔得起吗？"言下之意就是不是谁都配得上做摩托罗拉的手机玻璃屏供应商。

但是，吃得苦、霸得蛮、耐得烦的周群飞，却坚定地说自己一定可以解决这个问题，绝不会让手机玻璃屏划伤人的事例发生。尤其是在技术创新上，周群飞是绝不认输的。好啊，现在还没有哪个企业能制造出来这种产品，那我就制造一个给你看看。

和摩托罗拉的工程师谈话结束后，周群飞就立马回到公司，把所有的研发人员都叫到研发室，开始了艰苦卓绝的攻坚战。凭着多年的一线生产经验和过人的领悟能力，他们经过了三天三夜的努力后，终于攻克了通过离子交换提高玻璃韧性这一技术上的难关，研发出了符合摩托罗拉要求的手机玻璃屏。要知道,这三天三夜,周群飞带领着研发人员一直埋头苦干,除了上厕所,没有一个人走出过研发室。

　　周群飞拼命三郎的精神给周围的所有人留下了刻骨铭心的印象。对于她的成功,不熟悉她的人,会觉得很惊讶,一个农村姑娘,靠着一己之力,竟然成为中国女首富,这种近乎神话的故事让人震惊不已。但是,熟悉她的人,却一点都不感到惊讶,尤其是她的同事、合作伙伴和竞争对手,对于她的成功,他们觉得这是一件理所当然的事情。

　　因为周群飞身上那种吃得苦、霸得蛮、耐得烦的精神,让他们觉得她有资格成为中国女首富。即便是她将来能够成为亚洲女首富,甚至是世界女首富,他们也绝不会认为她靠的是什么运气、机遇,因为从她身上散发出来的种种拼搏精神,就是她攀越人生巅峰的资本和实力。

　　周群飞创业成功后,不忘回报乡邻。她在自己的家乡建设了5个研发生产基地,提供了9万个就业岗位,年产值300多亿元,年利税达45亿元。2015年5月14日湖南省举办了全省创新创业先进典型巡回报告活动首场报告会。周群飞作为当地的著名企业家,且为湖南省的发展做了很大的贡献,被邀请参会。

　　在这次报告会上,湖南省省委书记、省人大常委会主任徐守盛深情地对参会的企业家说:"你们的故事,是勇于打拼的创业故事,是敢为人先的创新故事,是守法诚信的自律故事,是回报社会的感恩故事,集中体现了湖南人'吃得苦、霸得蛮、耐得烦'的精神。"其实,徐守盛的这个总结,适用于所有成功者。

　　曾经有人问李嘉诚,如何才能像他一样成功,创业的过程中需要注意什么?李嘉诚诚恳地答道:"其中并没有什么秘密,无论是成为首富的过程还是创业的过程，实际上都是恒心和毅力坚持不懈的发展过程。"

　　李嘉诚之所以能成就自己的大事业，有一个重要的因素，那就是他那种吃苦耐劳的精神以及顽强的毅力。当李嘉诚去一家酒楼推销塑料制品，被酒楼老板撵出来的时候，他没有灰心，没有气馁，一次次失败的尝试磨炼了他的意志，也让他累积了更多的经验。最后，他用他的坦诚、耐心赢得了信任、赏识，也为自己的事业赢得了成功。所以，我们在任何成功者的身上，都会看到吃得苦、霸得蛮、耐得烦的可贵精神。

　　能吃常人不肯吃的苦，能干常人不能干的活，能坚持常人不能坚持的事，这就是成功的根源。任何人要想创业成功，要想受到机遇的垂青，首先就得做到打铁还需自身硬。只有百折不挠，万难不怕，不放过任何发展机会，让自己具备开创新天地的勇气和精神，才能一步步走向成功。

对不确定性的容忍度要高

周群飞经典心得：

☆　在创业、拼搏的过程中，每一件事都充满不确定性，有好有坏，有高有低，我们自然希望看到的是好的结局。但坏的结局往往也会毫无征兆地出现在我们面前。这时候就会让我们难以容忍。我们会因此变得失落、灰心，甚至是悲观和绝望。而这，无疑会影响到我们接下来的行动。

☆　成功，固然可喜可贺，但失败，也是一种必经的历程，它能让我们接受教训，积累经验，从这一方面来说，失败依然是一种成功。所以，我们应该以一种平和的心态，坦然面对那些不确定性的事物。

☆　不论是对于自身来说，还是对于他人来说，也不论你是一名普通员工，还是一名中高层管理者，都要意识到这种容忍度的必要性和重要性，它往往决定了我们的心境、意志与结局。

对于一个正处于创业成长期的人来说，未来的不确定性是我们每天必须要面对的事情。可以说，我们的心境、态度一直都在随着不确定性的变化而变化。

当不确定性事物的最终结局符合我们的设想时，我们就会兴奋、愉悦、充满奋斗的激情；当不确定性事物的最终结局和我们的设想背道而驰时，我们就会悲伤、失落、失去奋发的意志，因为我们无法容忍失败。

周群飞最喜欢的法国启蒙思想家、哲学家卢梭曾经说过这样一句话："10岁时被糖果所俘虏，20岁被恋人所俘虏，30岁被快乐所俘虏，40岁被野心所俘虏，50岁被贪婪所俘虏。人到什么时候才能只追求睿智呢？"他想告诉人们，过分的追求甚至是贪婪只会让自己成为各种外物的俘虏，只有学会选择，学会随遇而安，才能真正达到睿智的境界。

在卢梭的这句名言中，周群飞悟出了这样一个道理：对于创业者、拼搏者来说，我们最容易被不确定性俘虏。因为在创业、拼搏的过程中，每一件事都充满不确定性，有好有坏，有高有低，我们自然希望看到的是好的结局。但坏的结局往往也会毫无征兆地出现在我们面前。这时候就会让我们难以容忍。我们会因此变得失落、灰心，甚至是悲观和绝望。而这，无疑会影响到我们接下来的行动。

一位大学生毕业后，由于不喜欢城里糟糕的空气质量，便回到了老家。当别人都觉得他会失落无比的时候，他却通过自学，办起了养鸡场。悠闲的田园生活让他每天都非常愉快。由于他严格按照科学方式养鸡，所以他的养鸡场效益非常好。不到两年，他就赚了几十万，并且打算用这笔钱在村里给自己盖个小别墅。

别墅很快就盖好了，在上梁那天，大学生把村里的男女老少都请来喝酒。就在上梁的时候，忽然刮来一阵大风，还未架好的梁就被刮了下来，并将整整一堵墙给砸倒了。一时间众人都惊呆了，不知该如何收场。大学生的姐姐看到这一情景"哇"的一声哭了。

大学生一脸轻松地说："姐你哭啥啊，再哭墙也立不起来啊。"接着他又对乡亲们说："幸好人都没事。墙倒了就倒了，这正好给了我和乡亲们多喝一次酒的机会。后天中午重新上梁，到时候大家再来喝酒。"

这个故事虽然简单，但却是周群飞非常想分享给所有创业者的故事。故事中的大学生，在新房倒塌时，并没有痛哭、懊丧，甚至连叹气都没有，这足以证明他是个内心非常强大的人，他对不确定性事物有着极高的容忍度。即便在所有人看来，这起墙倒事件发生的概率极低，但他仍然可以从容接受。试想一下，如果在创业过程中，还有什么不确定性的失败能让其丧失斗志呢？

我们应该明白，成功，固然可喜可贺，但失败，也是一种必经的历程，它能让我们接受教训，积累经验，从这一方面来说，失败依然是一种成功。所以，我们应该以一种平和的心态，坦然面对那些不确定性的事物。只有不断提升对不确定性的容忍度，才能获得一种更好的心境，这样的好心境会为我们注入更多的正能量，帮助我们更好地拼搏，直至我们走向成功。

在蓝思科技成功上市后，很多人追问周群飞，为什么蓝思科技能成功？周群飞向大家分享了很多有价值的智慧、思想、经验。其中有六个字让人印象深刻：情怀决定成就。这六个字的信息量很大，其中有一层含义，就是提醒大家对不确定性的容忍度要高，只有这样才能用一种积极的心态去争取成功。

周群飞不仅希望大家对待自身要有这种容忍度，在对待他人时，也能有这种容忍度。尤其是作为企业的管理者，是否具备这种容忍度，决定了这家企业的未来。她常常告诫企业的中层干部要具备这种素质，并列举了很多知名企业的案例。比如美国时代华纳和微软这两家企业的故事。

史蒂夫·罗斯是美国时代华纳公司的前总裁，如今已经去世。他执掌时代华纳时，经常对员工说的一句话就是："在这个公司，你不犯错误就会被解雇。"他为时代华纳打造了一种非常珍贵的价值观，就是"允许失败，但不允许不创新"。他在做管理的时候，常常奖赏那些敢于冒险的员工，并且从不惩罚那些冒险失败的员工。他把失败看成时代华纳公司的第一优势。因为失败可以促进企业更好、更快地成长。

微软企业的价值观是最大限度地允许失败。微软员工在这种价值观的影响下，萌生了这样一句职场名言："如果你不想犯错误，那么就什么也别干。"在这种价值观的驱使下，微软敢于创新、乐于创新，从不害怕失败，更不会害怕失败后会带来惩罚。这正是微软称霸世界、独领风骚的秘诀所在。

试想一下，如果史蒂夫·罗斯、比尔·盖茨没有这种容忍度，他们的员工在创新的过程中失败了，他们就处罚员工，员工还会有创新的激情吗？他们的企业还能成为行业领袖吗？结果自然是否定的。庆幸的是，他们作为伟大的企业家，具备极强的容忍度，他们知道创新无非两种结果，成功或失败。成功了固然很好，失败了也无所谓，因为只要员工的激情还在，就总有一天会成功。所以，他们能够容忍一切失败。

总之，不论是对于自身来说，还是对于他人来说，也不论你是一名普通员工，还是一名中高层管理者，都要意识到这种容忍度的必要性和重要性，它往往决定了我们的心境、意志与结局。当你对不确定性有了极高的容忍度，你就更容易获得机遇和成功，因为胜利永远属于不懈努力、心态阳光的人。

成功就是机会与能力的动态平衡

周群飞经典心得：

☆ 成功是高处的一朵美丽之花，要想摘到这朵花，就需要一架梯子。而机会是梯子的两根竖木，能力是梯子的一根根横木。如果没有机会这两根竖木，能力再大，横木再多，它们都是一堆废柴，完全发挥不出梯子的作用；同理，如果没有一根根横木，机会这两根竖木，同样是两根废柴，发挥不出梯子的作用。

☆ 机会是能力的展示台，有了机会时，如果你真正有能力，那你才可以尽情地展示它；如果你没有能力，你展示什么呢？所以，不管机会有没有，我们都不要忘记提升自己的能力。

☆ 在追求成功的道路上，我们一定要双管齐下，在寻找机会的同时，也不能忘记提升自己的能力；在提升能力的同时，也要留心发掘稍纵即逝的机会。只有这样，才能更好、更快地获得成功。

没有人会否认，机会对于成功的重要性。很多成功人士都有过默默无闻的成长经历，这段经历短则几年，长则十几年，甚至几十年。对于他们来说，这是一个蛰伏的过程，有朝一日机会到来，他们便会一跃而起，紧紧抓住这一机会，一飞冲天，实现自己的理想和抱负。

也正是因为机会的重要性，很多人便片面地认为，有了机会，就可以成功。这种观点严格地说，是不成立的。机会固然重要，但能力同样不可或缺。机会和能力只有达到一个动态的平衡状态时，才能获得最大的成功。

形象一点说就是，成功是高处地一朵美丽之花，要想摘到这朵花，就需要一架梯子。而机会是梯子的两根竖木，能力是梯了的一根根横木。如果没有机会这两根竖木，能力再大，横木再多，它们都是一堆废柴，完全发挥不出梯子的作用；同理，如果没有一根根横木，机会这两根竖木，同样是两根废柴，发挥不出梯子的作用。只有当一根根横木与两根竖木达到一种平衡状态时，它们才能组成一架梯子，让你登高望远，助你摘取高处的成功之花。

周群飞在多年的创业生涯中，经历过无数的挫折和成功，终于悟出了这一点。就比如说，当年她经历的那场工厂扩建又中途停工的风波。在那场风波中，周群飞意识到这对自己来说是一个机会，所以她自告奋勇地向老板提议让她管理新扩建的厂房的具体业务。

但我们不妨换个角度想一下，周群飞如果没有真才实干，她敢向老板提这一建议吗？老板又会答应她的提议吗？周群飞的才干又是哪里来的？是她自己常年刻苦学习、努力提升得来的。她刻苦学习、努力提升，让自己拥有了一根根的横木。当自己获得两根竖木时，才能将横木和竖木巧妙地搭接在一起，做成一把梯子，帮助自己一步步登高摘取成功之花。

有机会，没有能力，只能望洋兴叹；有能力，没机会，只能无奈等待。

机遇从来只垂青有所准备的人，这句话大家一定很熟悉。但不知大家是否深入地思考过，这句话中的"有所准备"指的是什么？指的其实就是积累能力。

机会是能力的展示台，有了机会时，如果你真正有能力，那你才可以尽情地展示它；如果你没有能力，你展示什么呢？所以，不管机会有没有，我们都不要忘记提升自己的能力。只有做到未雨绸缪，当机会来临时，我们才能一飞冲天。

王涛和刘强是大学同学，毕业后也一同进入了一家公司的广告部门工作，业绩和工资都差不多。

一天，经理把他们两个人叫到办公室，说："现在有一个国外的大客户要开发中国市场，向很多家广告公司征集产品推广策划案，这对我们来说是一个很好的机会。你们赶紧准备，这周六我们要参加当天举行的宣讲会。"两人从办公室退出来，互相看了一眼，就分头去做准备了。

其实对他们这种小公司来说，竞争成功的机会很小，所以王涛对宣讲会并没有抱多大希望。而按时间来算，一个平常的创意作品一两天足可以完成。所以王涛并没有太在意，依旧懒懒散散地上下班，管它呢，王涛想，星期五再做也不迟。

而刘强呢，他认准这是一个机会，做得好，不仅会给公司赢得一个巨额订单，自己也一定会获得奖赏。想到这里，他立即展开了行动。他不仅将自己平时积累的经验、学识全部拿了出来，还查阅了无数资料和方案，并从中提取了很多亮点。经过五天争分夺秒地准备，他终于做出了自我感觉很有创意的方案。

星期六很快就到了，在当天的宣讲会上，总共有50多家广告公司参加，王涛和刘强的公司被安排在39名。当前面的38家公司做完演讲后，王涛退缩了，他知道自己拼凑的方案根本没有一点竞争力，所以他主动放弃了。这时候刘强信心十足地走上了讲台，并且口若悬河地讲起了自己的创意。

结果他的创意获得了大家热烈的掌声，那家外国公司当场决定采用这个优秀的创意。而通过这一次的成功，刘强所在的公司名声大噪，在圈内迅速崛起，当然，刘强也一战成名，平步青云，当上了部门的主管。而王涛，仍然是一名普普通通的员工。

没错，机遇相当重要，它存在很多不确定性，从来不以人的主观意志为转移，它随机出现的特征让我们不得不格外重视它，觉得它是成功最重要的一个环节。但我们不得不认清一个事实，在没有一定的能力做资本时，即便有机会在我们眼前，我们也无法驾驭它，只能眼睁睁地看着它溜走。拥有实力的人如同拿着一副好牌，虽然这并不意味着十拿九稳，但却具备了赢的基础。

所以，在追求成功的道路上，我们一定要双管齐下，在寻找机会的同时，也不能忘记提升自己的能力；在提升能力的同时，也要留心发掘稍纵即逝的机会。只有这样，才能更好、更快地获得成功。无论你忽略了哪一方，都会与成功失之交臂。

在逆境中满血复活

周群飞经典心得：

☆ 逆境是可贵的，它能让你意识到你的不足和缺陷，能让你更加冷静、更加睿智、更加强大。只有通过逆境的打磨，你才能成为更好的自己。无疑，这就是强者的心态，也是成功者必备的心态。

☆ 物竞天择，适者生存，命运从来不会亏欠那些为它付出无尽努力的人。无论是成功还是机遇，垂青的都是那些不断努力、不向逆境低头的人。

☆ 逆境像弹簧，看你强不强，你强它就弱，你弱它就强。当我们身处逆境时，往往也是最能考验一个人能力的时候。你能打败逆境，你就能走向成功，登上新的台阶，步入新的人生境界。

关于周群飞的故事，我们已经了解了不少，她所经历的那些挫折、磨难，实在是太多太多了，也是我们常人难以承受的，但是她却坚强地走出了逆境的泥潭，并且获得了巨大的成功。逆境没有摧垮她，没有降服她，反而让她更加强大。这就是成功之人必备的一种素质，无论任何时候，都不会在逆境中倒下，只会在逆境中满血复活。

周群飞在面对逆境时，常常会这样想：逆境是可贵的，它能让你意识到你的不足和缺陷，能让你更加冷静、更加睿智、更加强大。只有通过逆境的打磨，你才能成为更好的自己。无疑，这就是强者的心态，也是成功者必备的心态。

不过，周群飞在激励员工的时候，很少会拿自己的苦难史来说事。更多的时候，是借用鹰的故事。因为她希望自己的员工能够像自己一样，在艰难和逆境中，做一只永不懈怠的雄鹰。

远古时代，有一群鸟，生活在茫茫大海中的一个孤岛上。然而，这些鸟的特点却大不相同，其中，有些鸟的喙很长很尖，而另外一些鸟的喙却很短。所以，它们分别得名长喙鸟和短喙鸟。

由于生存环境的改变，岛上的植物骤减，而鸟儿们能啄食的也只剩下一种名为蒺藜的果子了。然而，这种果子却并非是所有鸟儿的美食，因为，蒺藜的浑身长满坚硬的刺。这样，只有那些长喙鸟用它长长的、尖尖的喙才能将其啄开，然后饱餐一顿，而短喙鸟则由于自身的原因无法享受这种美食。所以，不久之后，就有许多短喙鸟因此而饿死。

这是一场前所未有的劫难，这时的短喙鸟面临着严重的生死考验：要么寻找别的食物，要么等待灭亡。于是，短喙鸟开始在饥肠辘辘的困境下寻找其他食物。然而，岛上并没有其他植物，它们只能将目光投到浅海中的鱼身上。

令它们绝望的是，浅海中的鱼同样不容易捕捉。因为浅海里的鱼几乎不浮出水面，并且游得特别快。短喙鸟没有天生的捕鱼技能，为了生存下去，它们只得付出更多的时间和体力，白天大部分时间都在海面上练习捕鱼，无论风高浪急，还是烈日暴晒，它们都顽强地坚持着。

渐渐地，它们捕鱼的能力有所长进，并且日臻成熟。更为重要的是，它们发现小鱼的味道比蕨藜果更鲜美。后来，浅海中的鱼被它们捕光了，它们又跑去深海中捕鱼。同样经历了漫长的学习和忍耐过程，它们掌握了捕深海鱼的技能。

时间一年一年过去了，它们也在不断地繁衍、进化。多年过去后，它们原来短短的喙已经变得异常锋利，同时还练就了一对大而强健的翅膀和一双尖利的爪子。此时，它们已经成为天空之王，即凶猛异常的苍鹰。

鹰的蜕变故事，几乎就是每一位历尽艰难最终靠自己坚韧不拔的精神赢得成功的胜利者的真实写照。

如今，鹰已经成为所有成功者生命的图腾。它坚韧不屈、在逆境中满血复活的精神，让其成为所有身陷黑暗中的人心中的火把。它和所有成功者的故事，都诠释了一个真理：物竞天择，适者生存，命运从来不会亏欠那些为它付出无尽努力的人。无论是成功还是机遇，垂青的都是那些不断努力、不向逆境低头的人。

在周群飞的蓝思科技企业中，有一名中途加入蓝思科技的销售主管 L 先生。本来，L 先生是不符合应聘条件的，因为他只是高中文化。而蓝思科技规定，担任主管以上职位的管理者，至少也要拥有大专文凭。而 L 先生之所以能被破格选中，源于其身上散发的精神和蓝思科技的企业文化非常契合。

L 先生以前是一家销售公司的普通销售员，我们暂且称这家销售公司为 A 企业。由于当时 A 企业刚刚成立，启动资金不足，恨不得一分钱掰成两半花，所以无论是在物质安排还是人力安排方面，都显得非常吝啬。

L 先生被公司派往北方一个陌生的城市开发市场，并且没有任何资金支持，市场开发成功后，报酬从业绩中提取。由于 L 先生非常喜欢销售，便同意了公司这个不合理的安排。同期还有十几个销售员被派往了其他城市。

　　不到两个月，那十几名销售员就因为受不了太多的苦纷纷选择了辞职回家，仅仅剩下 L 先生还在坚持。其实 L 先生受的苦一点也不少，在陌生的城市、陌生的市场，又没有资金支持，一切问题都需要自行解决。由于几个月都没有发工资，他常常连吃饭、坐公交的钱都没有，为此他还患上了严重的胃病。

　　为了省钱，他租住的是别人的车库，交通工具是一辆破旧的二手自行车，自己动手制作宣传资料……虽然受尽了苦难和他人的嘲笑、辱骂，但是他从未想过放弃，他觉得只要付出终会有回报。

　　就这样他坚持了整整一年，终于打开了当地的市场，成为公司的功臣。因为他的出色表现，他被任命为 A 企业销售部门的副主管。L 先生在 A 企业兢兢业业干了四年。由于 A 企业转型失败，不得不宣布破产，他不得已才黯然离去。

　　蓝思科技的面试官被 L 先生身上表现出的那种迎难而上的精神感动了，觉得这才是企业最需要的人才，所以就破格录取了他。

　　逆境像弹簧，看你强不强，你强它就弱，你弱它就强。当我们身处逆境时，往往也是最能考验一个人能力的时候。你能打败逆境，你就能走向成功，登上新的台阶，步入新的人生境界；你被逆境打败，你就只能被贴上失败者的标签。

　　真正的强者，是敢于直面人生、敢于自我担当、能够在逆境中成功突围的人。如果你也想成为这样的强者，就应该有坚忍的意志，有足够强大的内心，有不向困难低头的傲骨。而当你成为这样的强者时，你就会发现，逆境，对你来说，已经是促进你成长的核动力。因为每一次，你都能在逆境中满血复活，走向人生的更高峰。

第十二章

▼
▼

心胸有多宽，成就就有多大

　　自古以来，成大事者，必有宽广的胸怀。因为胸怀和成就是镜子的两面，胸怀有多宽，成就就有多大。只有宽广的胸怀，才能容得下他人不能容之事，才能在痛苦、委屈面前平和淡然，才能在失败、逆境中奋然前行，才能有宽广的视野和远大的目标。所以，我们要想建功立业，就必须让自己先拥有一个宽广的胸怀。

事业的瓶颈往往体现在心胸的瓶颈

周群飞经典心得：

☆ 当事业出现瓶颈时，心胸就成了解决这个瓶颈的关键。你的心胸是什么样的，你对事业瓶颈的态度就是什么样的。也就是说，你的心胸越大，事业的瓶颈就会越宽广，越容易被突破；反之，心胸越小，事业的瓶颈就会越细窄，越不容易被突破。

☆ 用宽广的心胸去面对事业中的各种牵绊、荆棘，不针锋相对，不斤斤计较，多把心思、精力用在积极的、正面的事情上，比如寻找解决问题的办法，提升自己的抗压力等。

☆ 生活就是这样，要么你去驾驭生活，要么是生活驾驭你。你的心胸决定了谁是坐骑，谁是骑师。当你的心胸时时处于瓶颈期，那么你的事业就会时时处于瓶颈期，无疑，你将会成为生活的坐骑。

凡是在职场中打拼的人，尤其是创业人士，几乎毫无例外都会遭遇事业瓶颈。在事业瓶颈面前，人们的心态会呈现出两极分化。强者会说："又遇到瓶颈期了，怎么才能跨过这个瓶颈期呢？得赶紧想办法，不能被卡死在这里。"

而弱者会说："怎么又遇到瓶颈期了？太倒霉了，每天这样费心劳神地操心，什么时候才是个头呢？或许自己永远无法跨过瓶颈期，就这样随波逐流吧。"

无疑，当事业出现瓶颈时，心胸就成了解决这个瓶颈的关键。你的心胸是什么样的，你对事业瓶颈的态度就是什么样的。也就是说，你的心胸越大，事业的瓶颈就会越宽广，越容易被突破；反之，心胸越小，事业的瓶颈就会越细窄，越不容易被突破。这就是强者和弱者的区别。正如举世皆知的政治家、军事家拿破仑·波拿巴所说："所谓领袖，就是永怀希望的庄家。"

20岁之前，周群飞的所有时间都用在了学习上，她默默地努力着，试图成为更好的自己。1990年，这个20岁的姑娘面临人生的第一次抉择。

1990年，周群飞正在一家手表玻璃厂做工人。这一年，工厂开始扩建厂房。厂房扩建，说明企业发展加快了，工人的工资和福利也会得到相应的提升。正当周群飞和其他同事陷入对未来的美好憧憬时，却被突如其来的噩耗惊呆了。

当厂房扩建到一半时，因为老板撤资，不得已停工了。面对这一突发状况，所有员工都抱怨不已。但是周群飞没有抱怨，她直接找到了老板，和老板谈了很久，大致的意思就是希望厂房能继续扩建下去。新厂房建成后，由她来管理具体的生产工作，成功了，工资由老板定，失败了，她给老板打一辈子工。

老板被周群飞的气势震慑了，虽然他还是不太相信眼前这个瘦弱青涩的姑娘，不过转念一想，与其让工厂半途而废，不如交给她去试一下。并且，周群飞坚定的眼神让老板愿意相信她一次。当厂房扩建完成后，新厂房的主要业务是加工手表玻璃印字和图案。

老天是公平的，你的付出终究会换来回报。周群飞以前刻苦学习的知识在这个关键时刻派上了用场。她将自己平时自学掌握的丝网印刷技术创造性地应用到工作中，印出来的产品效果非常好。

在周群飞的努力下，这个工厂的效益越来越好，在当地的知名度也越来越大。正当周群飞满怀激情地打算创造一番事业的时候，麻烦又接踵而来。

公司发展步入正轨后，老板安排了很多亲属到厂里工作。这给周群飞的管理带来了很大的困扰。因为老板的亲属仗着自己"皇亲国戚"的身份，从不服从周群飞的管教，甚至还联合起来排挤她、打压她，这极大地影响了周群飞的管理工作，让她的事业再次进入一个瓶颈期。

如何做呢？和老板的亲属争吵吗？还是向老板告状？抑或是给老板的亲属穿小鞋？这样的心胸又如何能从根本上解决问题呢？周群飞不是这样的人，她要正大光明地突破心胸的瓶颈，清除事业平台上的荆棘。

当工厂里的混乱情况越来越严重后，周群飞没有再死缠烂打地继续做自己的管理工作，她毅然选择了离开。1993年3月18日，周群飞带领自己的七个亲人，用自己辛苦攒下的两万元作为启动资金，在深圳宝安区租了套三室一厅的民房，从此开始了自己的创业生涯，主体业务还是丝网印刷。

在周群飞辞职之前，她的老板就明确告诉她不准抢工厂的客户，不准接外贸单，因为这家工厂的主要订单全是外贸单。周群飞本来就没有打算接外贸单，再说她也没有接外贸单的资质，所以周群飞接的业务全是内销的订单。

创业初期是无比艰难的。他们八个人工作、吃住、接待客户等，都在这个三室一厅内。客厅就是印刷、成品检验及包装车间，主卧室睡女的，小卧室睡男的。

　　凭着大家的精诚协作和努力，公司业务慢慢进入了正轨，订单也多了起来。虽然每天都很辛苦，常常要忙到凌晨两三点，但是利润很可观。当时印刷一片玻璃，代工费是 1.5 元，一个人每天可以印刷 7000 片。可观的利润让周群飞信心满满，企业也很快从最初的 8 个人发展到了几十人。

　　这是周群飞的初次创业，并且获得了初步成功，让她在同行内站稳了脚跟，她也从此领悟了心胸对事业瓶颈的影响。如果自己的心胸不宽广，当初在遭到老板亲属的排挤时，和他们斤斤计较，针锋相对，那么自己如今仍然在那个厂子里和人钩心斗角，不仅整天生闷气，还严重地影响了自己的事业发展。

　　周群飞宽广的心胸拯救了她的事业，这也是她能成为中国女首富的原因。古人常说："有大胸襟者，才有大智慧。"心胸宽广了，事业就会顺利许多，事业中的瓶颈也更容易突破。

　　我们在生活中、创业中，也应该有周群飞的这种心胸。用宽广的心胸去面对事业中的各种牵绊、荆棘，不针锋相对，不斤斤计较，多把心思、精力用在积极的、正面的事情上，比如寻找解决问题的办法，提升自己的抗压力等。

　　生活就是这样，要么你去驾驭生活，要么是生活驾驭你。你的心胸决定了谁是坐骑，谁是骑师。当你的心胸时时处于瓶颈期，那么你的事业就会时时处于瓶颈期，无疑，你将会成为生活的坐骑；反之，当你的心胸开阔，可以轻易突破瓶颈时，那么你的事业也就不会被瓶颈期束缚，你也将会获得越来越多、越来越大的成功。

心胸是被委屈和痛苦撑大的

周群飞经典心得：

☆　每个人的心胸，都是在后天环境中练就的，宽广也好，狭窄也罢，都是靠着自己对世事的态度一点点形成的。尤其是那些心胸宽广的成功人士，他们的心胸更值得我们关注。因为他们宽广的心胸，不是包装出来的，而是被无数的委屈、痛苦撑大的。

☆　"海不择细流，故能成其大；山不拒细壤，方能就其高。"这句话形象地表明，想要成就如高山大海般傲人的事业，必须要有博大的胸怀，要有过人的宽容心。

☆　没有人可以随随便便地成为伟大的人，在他走向伟大的过程中，势必会遭遇很多挫折、打击、诬陷、失落，也就是说，委屈和痛苦必不可少。

纵观古今中外，每一位伟大的人物无不都拥有宽广的心胸。对于他们而言，宽广的心胸是他们成功的保障。没有宽广的心胸，他们就难以一步步走到成功的巅峰。

　　当然，这并不是说，他们宽广的心胸都是天生的。每个人的心胸，都是在后天环境中练就的，宽广也好，狭窄也罢，都是靠着自己对世事的态度一点点形成的。尤其是那些心胸宽广的成功人士，他们的心胸更值得我们关注。因为他们宽广的心胸，不是包装出来的，而是被无数的委屈、痛苦撑大的。

　　当周群飞初次创业成功并在所处行业站稳脚跟后，她还来不及缓一口气，就遇到了很多新的挑战。很多加工厂看到这个行业利润丰厚，便纷纷进入这行掘金，竞争对手的陡然增多，让周群飞一下子压力山大。加之上下游产业链的企业也进入了动荡期，很多企业前几个月还干得好好的，但往往在一夜之间就消失不见了。这导致周群飞的订单量减少，且有很多货款收不回来，变成了死账。

　　这一连串打击，对于刚刚创业的周群飞来说，是非常致命的，她的内心被各种痛苦、委屈、沮丧充斥着，但是，一向坚强的她绝不愿意就此放弃，更不允许自己有丝毫松懈。她宽广的心胸吞下了所有的委屈和痛苦，咬紧牙关不屈服。

　　1997年，亚洲金融危机突然爆发，这场山呼海啸般的经济灾难，将很多企业瞬间吞没了。但是，也有很多气势非凡的人，在这场经济灾难中逆流而上，成就了生命的丰碑。

　　金融危机爆发后，周群飞的很多合作企业都倒闭了，这也导致她的很多加工费都打了水漂。尤其是港台的很多客户，在企业倒闭后，支付不起以前的加工费。万般无奈之下，这些客户只得拿自己的旧设备来抵债。就这样，周群飞没有收回来欠款，只收回来一大堆旧设备。

　　要是换成其他人，估计会气疯，但是周群飞很平静地接受了。久经商场风浪，她早已练就了宽广的心胸，不再自怨自艾，更不会得理不饶人。虽然欠款要不回来让其损失惨重，但心胸博大的她，仍然可以心平气和地面对现实，从长计议。

当其他企业主整日唉声叹气、怨气冲天时，周群飞已经想出来一个全新的规划。周群飞收回来的那些旧设备，正是手表玻璃加工产业链上的重要设备。她重新租借了一个大一点的厂房，又购买了几台研磨机、仿形机，如此一来，她的工厂就可以完成玻璃切割、修边、抛光、丝印、镀膜等工艺，这些正是手表玻璃完整的工艺流程。从此，周群飞的企业从单纯为手表玻璃进行丝网印刷，正式升级成手表玻璃供应商。

随着亚洲金融危机逐渐过去，国内钟表业兴起，周群飞也迎来了事业的第二春，她的企业效益越来越好，其在行业内的知名度也越来越大。

很多人不明白，一个出身农家，没有显赫身份，没有过人资质，没有贵人撑腰的平凡女子，怎么可能凭借一己之力成为中国女首富呢？无疑，这是普通人创造的一种奇迹。在我们国家，这种奇迹并不少，比如格力集团的现任领导人董明珠，她同样是靠着一己之力力挽狂澜，让自己成为一名知名的企业领导人。

纵观周群飞和董明珠的成长历程，她们从一个普通的员工一步步成为一家大集团的掌门人，期间都承受了无数的委屈和痛苦，而正是这些委屈和痛苦，让她们心胸更加宽广，可以容他人不能容之人，忍他人不能忍之事。这些委屈和痛苦，让她们进入了一个更高层的人生境界，可以平和地面对很多令人愤怒的人和事。

在蓝思科技上市前夕，某些人为了打乱蓝思科技上市的步伐，便在网络上杜撰了一些关于周群飞的八卦故事，在外人看来，这些八卦故事会对周群飞的声誉带来很大的负面影响。但心胸豁达的周群飞非常坦然，她表示自己不会把精力浪费在无聊的解释上，清者自清，谣言止于智者。周群飞的宽广心胸由此可见一斑。

而当周群飞带领蓝思科技上市后，有媒体采访她，问她有什么感受，她微笑着说："谢谢竞争对手，成就了今天的蓝思科技和我。"这两件事，无不证明了周群飞在面对种种委屈、痛苦时，豁达的心胸给她注入了无穷的正能量。

秦朝时期的丞相李斯为秦王嬴政写过一篇文章，叫《谏逐客书》，这篇文章里有一句非常有名的话，后人对这句话进行了改编，使它变得更加工整更具深意："海不择细流，故能成其大；山不拒细壤，方能就其高。"这句话形象地表明，想要成就如高山大海般傲人的事业，必须要有博大的胸怀，要有过人的宽容心。

没有人可以随随便便地成为伟大的人，在他走向伟大的过程中，势必会遭遇很多挫折、打击、诬陷、失落，也就是说，委屈和痛苦必不可少。如果你不能大度地接受这些委屈和痛苦，总是以狭小的心胸和这些委屈、痛苦斤斤计较，那么势必会被这些负面情绪消耗掉所有的精力，使你无法全身心地去打拼自己的事业，追求自己的梦想。

所以，如果你想成就一番事业，成为一个伟大的人，就微笑着接受那些痛苦和委屈吧，让它们来撑大你的心胸，做你走向成功的垫脚石。当有一天你发现自己的心胸早已被委屈和痛苦撑大，并能够淡然处之时，你就会发现，你已经站在了成功的巅峰。

大舞台都是为"豪气干云"的人准备的

周群飞经典心得：

☆ 心胸有多宽，成就就有多大。心胸越宽，你就越能承受起他人不能承受的痛苦，越有他人无法企及的豪气，越能获得更宽广的舞台。

☆ 心有多大，舞台就有多大。你有豪气干云的心胸，世界的舞台就是你的。

☆ 相同的处境，不同的胸怀，会造就不同的审视态度、不同的反应，最终造成的结果自然也不尽相同。

2003 年，周群飞与人合伙在深圳成立蓝思科技公司，她是以技术和设备入股的。当时蓝思科技的主要业务是专注手机防护视窗玻璃的研发、生产和销售。

公司刚刚成立，前景渺茫，一切都靠着摸索来维持发展。尤其是第一年，过得非常艰难。由于效益不明显，合伙人在第二年伊始就将 200 万元投资全部撤回了。而正在此时，国际知名手机品牌摩托罗拉找到了周群飞，打算采购蓝思科技生产的玻璃屏。

虽然幸福来得很突然，但这让周群飞一点儿都兴奋不起来。因为合作伙伴撤资，企业缺乏资金，加之摩托罗拉对零部件配套标准要求非常严格：手机的玻璃屏在一定高度自由跌落后不会破碎；手机在使用中，如果玻璃破碎如何做到不会伤人。这一系列问题，都成了周群飞迫切需要解决的障碍。

她并没有与不遵守规则的合伙人大吵大闹，更没有对簿公堂，而是微笑着任其离开。既然格局、目标不同，那就各奔前程好了。历经众多磨难，周群飞早已成为豪气干云的心胸宽广之人。

为了解决产品问题，周群飞和产品研发人员经过三天三夜的反复试验，终于研发出了符合摩托罗拉要求的玻璃屏。当蓝思科技接下摩托罗拉这笔大订单后，麻烦又接踵而来。首先是原材料供应商给蓝思科技设置了很多障碍，坚决要求先打款再发货。

没有资金，任何事都办不成。此时，周群飞再次拿出了女强人本色，她将深圳的房子贱卖，然后拿着这笔钱交货款、发工资。

本以为，公司有了摩托罗拉这个大客户，从此在业务方面将不会再发愁，就可以进入正轨，实现快速发展。但生活总是充满了戏剧性，正当周群飞满心欢喜地投入对未来生活的美好憧憬时，命运又给了她一个致命的打击。

由于原材料供应商和蓝思科技的竞争对手交情甚深，加之竞争对手从中作梗，原材料供应商在收到货款后总是推脱着不发货。即便周群飞多次飞往香港找原材料供应商，催促其赶紧发货，但其就是不发货。

房子卖了家没了，没有原材料自己不仅拿不出产品，还要支付巨额违约赔偿，工厂也办不下去了，员工的工资也发不了，这种种糟糕的现实让周群飞心力交瘁，深深的绝望感笼罩着她。

但很快她又重新振作起来，不经磨难的摧残，怎会有耀眼的成功，这是心胸博大的她当时最真实的想法。她回到深圳后，通过一系列办法，费尽周折地解决了原材料供应问题，紧接着又投入到了紧张的生产工作中，并如期圆满地向摩托罗拉交了货。自此，周群飞的蓝思科技声名鹊起，很多国际知名手机品牌纷纷找上门来，选择与其合作。

不可否认，在当初的绝境中，绝大多数人都很难承受住那些打击和压力，选择放弃的人一定大有人在。但是，对于周群飞来说，她宽广的心胸让她可以吞下一切苦果，担当得起所有困难。试想一下，如果她当初选择了放弃，还会有今天的蓝思科技吗？还会有今天的新女首富吗？

人生就是这样，心胸有多宽，成就就有多大。心胸越宽，你就越能担当起他人不能承受的痛苦，越有他人无法企及的豪气，越能获得更宽广的舞台。就像我们经常听到的一句话：心有多大，舞台就有多大。你有豪气干云的心胸，世界的舞台就是你的。

有两块巨石，它们一起在深山中躺了几十年。一天，它们被一位雕刻师拉回了城里。回到城里后，雕刻师先选了其中一块石头进行雕刻。然而，雕刻师刚雕刻了一下，这块石头就感到痛苦万分，它不喜欢这种待遇，所以它开始不合作：要么把刻刀崩坏，要么摇晃身躯，让雕刻师无法下手或总是刻在不该刻的地方。最终，雕刻师只好无奈地选择了放弃。这块石头为自己躲过了雕刻而暗自得意，甚至对另一块石头挤眉弄眼。

雕刻师在放弃第一块石头后，便开始雕刻另一块石头。面对同样的境遇，第二块石头却没有反抗，而是默默地忍着雕琢的痛苦，配合雕塑家的每一个行动。于是，雕刻师的工作进行得很顺利。

20天过后，当初的石头已经变成了一尊栩栩如生的佛像。第二天，雕刻师就把佛像献给了一座寺庙，并把第一块石头也一起送给了寺庙。寺庙的和尚们把佛像供在了庙堂里，把第一块石头当成石板铺在过道上。

就这样，佛像每天接受着四面八方的朝圣者的膜拜，而第一块石头则每天要接受朝圣者的踩踏。第一块石头对此觉得非常不公平，便气恼地对佛像说："太不公平了，咱们都是石头，你整天被香客跪拜，威风八面，而我却每天被万人踩踏，真是恼火啊！"

佛像微笑着说："当初雕刻师给过你机会，但你的心胸太小，难以承受雕琢的痛苦。而我不甘平庸，立志要走向更大的舞台，绝不做被人踩踏的石板。所以，我忍受着千刀万剐的雕琢之痛，就是为了走向更大的舞台，接受世人的膜拜。"

周群飞就和故事中的佛像一样，宽广的心胸、豪气干云的气魄，让她愿意为了走向更大的舞台而心甘情愿地接受命运的锤炼和生活的打磨。他们相信疼痛过后，生命就会实现涅槃。他们懂得，风云过后，生命就会迎来阳光。

相同的处境，不同的胸怀，会造就不同的审视态度、不同的反应，最终造成的结果自然也不尽相同。命运很公平，它从来不会垂青那些容不下挫折和困难的心胸狭小之人，它青睐的是敢于笑傲磨难、挫折、逆境的豪杰，他们博大的心胸可以容纳所有挫折和痛苦，这也是他们能够走向大舞台的基础。所以，如果你也想拥有成功的光环，不妨先问问自己，是否拥有豪气干云的心胸。

征服人的最佳武器就是宽容

周群飞经典心得：

☆ 从古至今，很多成功者能够取得令人敬仰的成就，正是因为他们有着令人敬仰的宽容气度，有着容纳万物的广阔胸襟。

☆ 天地虽然宽广，但比天地更宽广的是人的胸怀。宽容可以让人广结善缘，宽容决定着你人脉关系发展的效率。当你给别人一分包容时，将会给自己带来十分的从容。

☆ 面对生活的种种不悦、牵绊，我们不妨换个方向，与其咄咄逼人争吵不休，且无济于事，不如用宽容的心胸去接纳、去感化、去征服，到时候你就会发现，生活中、事业上少了许多敌意、阻碍，多了许多愉悦、支持。

周群飞曾经说过，宽容、追求、自信、坚持、独立、专心、担责等，都是成功女性必不可少的品质。她把宽容放在了第一位。用她的话来说就是，宽容，不仅仅是一种修身养性的品质，还是一种武器。她正是靠着宽容的心胸，赢得了很多人的尊重，这其中就包括自己的竞争对手。

从古至今，很多成功者能够取得令人敬仰的成就，正是因为他们有着令人敬仰的宽容气度，有着容纳万物的广阔胸襟。我们要想在职场、在创业的路途中生存下去，就不可避免地要与各种各样的人接触。这也导致我们必须时刻面对这样一个问题：人非圣贤，孰能无过。

每个人都有自己的缺点和不足，我们在和他人交往的过程中，必定会因为种种原因产生矛盾、不满甚至是冲突，这时候如果我们缺乏宽容之心，与对方针锋相对，得理不饶人，那么势必会激起双方更大的怒火，这不仅不利于事情的解决，还会给自己带来一个死对头。

在周群飞小时候，她的小学语文老师就非常器重她，加之她的作文写得很棒，语文老师就经常给她补课，辅导她，并给她讲了很多古今中外的故事来丰富她的视野，开拓她的学识。其中有一个关于宽容的故事，深深地击中了周群飞幼小的心灵，这个故事让她记忆深刻，终生难忘。

春秋时，楚国内部发生了一场比较大的叛乱，叛乱发生后，楚国英勇的将士只用了两天时间就将叛乱平息了。楚庄王收到捷报后非常高兴，当即决定要大摆宴席，犒赏群臣。

为了表示自己对群臣的由衷感谢，楚庄王让自己最爱的妃子许姬给各位大臣敬酒。这场宴席一直从上午持续到晚上。正当群臣喝得酣畅之际，忽然刮来一阵大风，将大堂内的所有蜡烛都吹灭了，大堂顿时陷入一片黑暗之中。

黑暗之中，有人因爱慕许姬的美貌，便乘着酒劲握住了许姬的手，许姬先是一惊，紧接着就明白发生了什么事。她当即奋力挣脱开，并顺势扯下了非礼之人头冠上的系缨。许姬哭着跑到了楚庄王身边，向他诉说了事情的经过。

楚庄王听后沉思片刻，他想："今天大摆庆功宴，群臣开怀畅饮，有人喝多了，酒后失态，也是在所难免的。如果因此而杀了那个人，别人会说我因为爱姬斩大臣，没有容人之量；话说回来，让大臣们尽兴喝酒也是我的意思，导致他们酒后失仪，我也有一定的过错啊……"

于是，楚庄坐在黑暗里大声说："先不要掌灯！今天的宴会众位须开怀畅饮，现在大家都把冠帽系缨扯下来，以示尽兴，否则以抗旨论罚！"

君王有命，臣子哪敢不听？就这样，当烛火点起之后，众臣子都扯断了帽子上的系缨。于是君臣继续畅饮，直至尽欢而散。

几年之后，楚国出兵攻打郑国。副将唐狡自告奋勇做开路先锋，他作战勇猛，奋不顾身，为楚国大军直抵郑国都城立下了汗马功劳。楚国取得大胜之后，楚庄王要重赏唐狡。唐狡却谢绝了赏赐，他对楚庄王说："昔日绝缨会上，对许姬无礼的正是臣下。臣深受大王不杀之恩，所以今天才以死相报。"

这个故事对周群飞的触动非常大，从那时候起，她就知道了宽容的重要性。如果当初楚庄王因为许姬一事难以容下唐狡，对其痛下杀手，那么就不会有后面唐狡以死相报的事迹。可见，宽容让楚庄王彻底征服了唐狡，为自己赢得了一名忠心耿耿的下属。

这就是宽容的力量，它让周群飞深刻地理解了宽容作为一种征服人的武器的战略价值所在。所以，她决意要做一个心胸宽广的人，做个像楚庄王一样明智的人。在往后的成长岁月和创业过程中，她也确实一直这样要求自己。

在提到宽容时，周群飞给周围的人做过一个很理性的分析，她说："我们常常会听到'人敬我一尺，我敬人一丈'这句话，它不是说话者的自我标榜，它不过是在阐述一个非常普遍的道理。可以说，不论身份、职位的高低，每个人都是有自尊心的。如果你能以宽容对待他人的过失，会让对方对你产生感恩之心，那么你也会收获来自对方的感激和报答。"

　　面对犯错的员工，周群飞以宽容待之，员工在感激中更加努力地提升自己，杜绝错误，忠诚于公司，为的就是对得起周群飞的宽容；面对不好好履行义务的合作伙伴，周群飞以宽容待之，合作伙伴在羞愧中自觉地履行自己的职责，为的就是能够和这个宽容的女强人继续合作下去；面对竞争对手，周群飞以宽容待之，竞争对手不得不收敛自己的不光彩做法，为的是能够赢得光明磊落或败得荡气回肠。因为尊重竞争对手，就是尊重自己。

　　天地虽然宽广，但比天地更宽广的是人的胸怀。宽容可以让人广结善缘，宽容决定着你人脉关系发展的效率。当你给别人一分包容时，将会给自己带来十分的从容。当你用宽容的心胸征服了他人，赢得了他人的感激和认同时，就相当于为自己减少了前进路上的障碍，让自己走向成功的路途更加平坦和宽阔。

　　所以，面对生活的种种不悦、牵绊，我们不妨换个方向，与其咄咄逼人争吵不休，且无济于事，不如用宽容的心胸去接纳、去感化、去征服，到时候你就会发现，生活中、事业上少了许多敌意、阻碍，多了许多愉悦、支持。